Eriko Paris Style

エリコ・パリ・スタイル

中村江里子
Eriko Nakamura

ジーンズ p29

リーバイス・プレミアム・ジーンズと、ジル・サンダー（p114）の革コート。p30

パリの暑い昼下がりに映画を観にいくときは、思い切りカジュアルに。P30

南仏のスーパーに買い出し。ストレッチ素材のノースリーブは短めで動きやすい。P38
ヌバック革の帽子は男物。時とともに風合いが増す。

週末のランチはテラスのあるレストランへ。セブンフォーオールマンカインドのジーンズにZARAのスウェード・ジャケット。p30

家族と公園に行く日は、白いTシャツと男物の時計を。p73

真珠のネックレス p32

ニナリッチのコンパクト・ジャケットの下は、素肌にパール。 p28

ビュスチェのように首の後ろと背中で留める。数年前にジャン・ルイ シェレルで購入。p32

さまざまな色調の真珠をつないだ
ロングタイプ。p33

ヴァレンティノのシルク・シャツにあしらって。p39

七分袖でウエストを絞ったトラサルディのコットン・シャツ。P39　バッグは「ミルフィーユ・バーキン」。p63

カットがきれいなD&Gのシャツは、仕事の場でも愛用。p38

白いシャツ　p36

南仏風・肌見せスタイル　p40

上／夏の旅に欠かせない黒麻のアンサンブル。p40
左上／ワンショルダーの大胆なシャツで。義理の両親の家にて。p41
左／パリや東京とは違うおしゃれを太陽の下で楽しむ。

革の服　p43

上／ジル・サンダーの何げないセットアップは、背中にスリット！　5年以上着ているけれど、組み合わせやすく飽きない。p44
中／ヴァレンティノの革ジャケで、ヴァンダンジュのカクテルへ。白いファーの小さいバッグで、優しい雰囲気に。P63
下／ジル・サンダーのシンプルなスウェード・スカート。p45　右の服で買い物の途中にカフェ・オ・レを。パートナーは白ワイン。

上／ファー・ベストの下は、セリーヌの厚手カシミア・ニット。かぼちゃのポタージュはカフェ・コンスタンの名物。p106
下／長いミンクのストールを巻けば、パリの冬もOK。

毛皮《ファー》 p46

上／毛皮のベストは運転するときも楽。P46
下／ J-L.シェレル製シルクの刺繍入りジャケットは、毛皮のふちどり。

ジル・サンダーのカシミア・コート。 p51　ギャルリー・ヴィヴィエンヌにて。 p136

上／右写真のポイントになっているヴァレンティノのベルト。 p50
右／夏らしく、爽やかな白を組み合わせて。 p50

白のコーディネート p50

ツイン ニット p52

夏の夕方、友人宅のパーティにシャンパンを持って。p54

この日は薄手のストールで、シンプルな服装にアクセント。

手袋 p61

手首に革の花が咲いたようなデザイン。P61

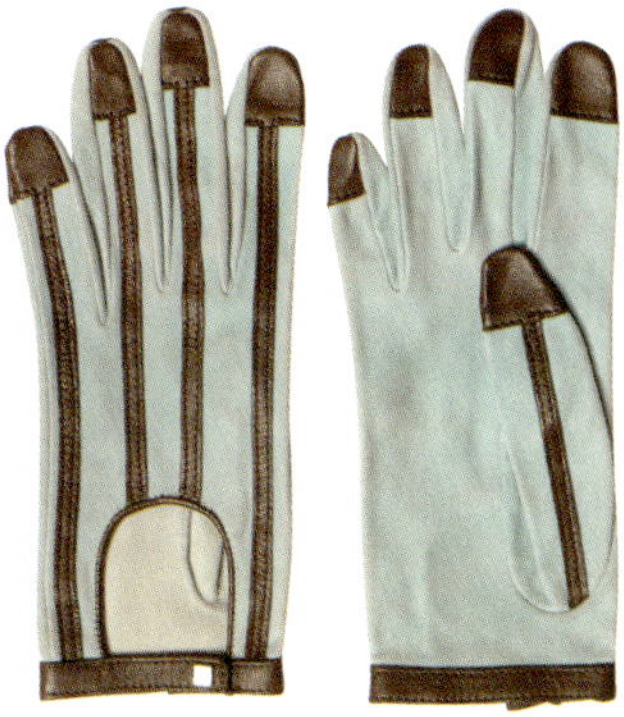

柔らかなスウェードに、革がユーモラスな表情を。p61

ストール p58

パートナーは私のコレクションから、スーツに合わせるマフラーを。p59

バッグ p62

ジャマイカ旅行で、グローブ・トロッターの鍵が壊れた。p94

NYに住む義姉から贈られたL.L.ビーンのトート。p65　キャンバス地に名前が刺繍してある。

35 歳の誕生日にパートナーがプレゼントしてくれた革＆籐のバッグ。p64

ガルーシャ（鮫革）ならではの表面の凹凸がおもしろい、ロエベのバッグ。

革のブックカバー p93

ロエベ製カバーは手ざわりがよく、本を持ち運ぶときの必需品。p93

仕事でお借りしたサンダル。石の飾りが素敵なので撮影。 p71

今はなくなってしまったブランド、アレルの2足。
上／ハラコと革のコンビ。
左／リザードで、ストラップに遊びのあるデザイン。 p70

靴 p66

時計 p72

クロノグラフが好き。ブラウンと白クロコのベルトはコンコルド。黒革ベルトの時計はジェラール・ペルゴ。p72

ギャルリー・アラカは2005年11月、ヴォージュ広場に新店をオープン。p77

アクセサリー p74

アラカのイヤリングと出会って、おしゃれ感覚が変わった。p76

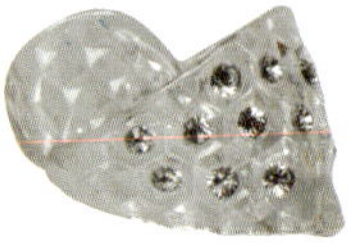

上はブレスレット。手前3つは指輪。いずれも大ぶりで存在感が強い。P75

このエッセイ(p22〜107)はNTTコミュニケーションズ(株)が提供するISP、
OCNのサイト、JuicyStyleに2004年8月より連載されている
『中村江里子のパリスタイル』http://juicystyle.ocn.ne.jp/に、
大幅に加筆修正したものです。
口絵(p2〜16)の写真は、上記連載のものに撮りおろしを加えました。
なお、『中村江里子オフィシャルサイト』http://www.eriko-nakamura.com/
からの記事、写真の転用も一部にあります。
お店ガイド(p113〜155)の写真は、すべて撮りおろしです。

撮影　松永 学:カバー、帯、口絵(p2、p3・帽子、p4〜5、p10・上、p11・手袋、P13、p14・アレルの靴2足、p15、p16・アクセサリー)、お店ガイド(p113〜155)
ヘア&メイク　EITA(AVGVST):カバー、帯、口絵(p2、p4〜5)、お店ガイド(p118)
撮影協力　Hôtel Raphael(p4〜5他)

目次

まえがき

『エリコ・パリ・スタイル』10か条

1　シンプルなかたちを組み合わせる。

2　長く着られるアイテム。

3　上半身は、ぴったりフィット。

4　「秋色」と白が基本カラー。

5　マニッシュなジャケットとパンツが日常着。

6　上質の素材。

7　仕立ての良い服を選ぶ。

8　アフターケアの行き届いた店で買う。

9　アクセサリーで変化を。

10　パートナーと意見を出し合う。

自分らしいおしゃれとは、どんなスタイルか――。

身近ですが、奥の深いテーマです。でも、楽しみながら、ときには失敗しながら、自然に身についてきた着こなしの基本をまとめると右のようなポイントが見えてきました。

この本ではホームページの連載をもとに、あらためてファッションと暮らしについて考えました。撮りおろしの新しい写真も加え、アイテム別にカットを選んで、エッセイのなかでそれぞれのポイントに説明をつけてみました。どれも私自身が大好きな、着慣れた服装の写真です。

ファッションについて語るエッセイが、「第1章・おしゃれ編」。次に、住み始めて5年目を迎えたパリでの生活をつづる「第2章・暮らし編」が続きます。

そして、私のお気に入りのお店を紹介する「第3章・ガイド編」。ブティックだけではなく、お茶や食事を楽しむ場所もあります。本の最後に、地図もつけましたので、パリを訪れる機会があれば寄ってみてくださいね。

第1章　おしゃれ編

自分らしさを表現するために

流行にふりまわされない

小学生くらいからでしょうか、自分の着るものは自分で決めていました。中学高校が私服だったこともあり、かなり早い時期から自分らしいスタイルを意識していたように思います。着心地やクオリティに妥協せず、本当に好きなものを選ぶ。当時からそこは徹底しています。

いいなあと思うデザインがたまたまそのシーズンの流行だったりする場合はありますが、基本的には、最新モードを着たいとか、みんなが持っている人気のものだから持ちたいということはまずありません。

当然、買うのは「ずーっと好きでいられる」と思えるものばかり。たとえば、革のジャケットなどはその代表格。どんどん着て、くたくたになっていく風合いも嬉しくて……。多少トレンドのスタイルと違っていたとしても、「私は好きなの！」と楽しんでいます。少しぐらい衿の形や丈やシルエットが流行遅れだったりしても、お気に入りのジャケットを自分自身のコーディネートで大切に着たいと思うのです。

でも、主にテレビの仕事をしていたころは、いくら「好きで長く着られるものを」というポリシーがあっても、難しかったですね。なぜなら日本では、いつも何か新しいものを着ていなければいけない、という風潮があったような気がするのです。そのために日本に住んでいたときは、そうした私本来のおしゃれ精神もどこか臆病になっていました。

フランスでは本人に似合えばＯＫ

ところがフランスでは、10年前のジャケットであろうが、修理しながら履き続けているブーツだろうが、それが似合っていればみんながほめてくれます。街を歩く女性たちのおしゃれは、とことん自由。「好きなものを着る。それだけよ」という自信を感じます。

25歳くらいからは意識して、上質なもの、長く愛着を持てるものを買いためてきました。実際、私の欲しいものの多くはオーソドックスな定番風アイテムですから、ソルド（セール）まで待って買うことも多いですよ。白のコーディネート（p50）の文中でご紹介する白のコート（p10上）は、ジル・サンダー（p１１４）のもの。これもソルドで手に入れました。

正札は「かわいくないお値段」だったので「残っていてほしいな」と願いながらソルドを待ちました。売れてしまったら、それは縁がなかったと思うだけ。もし運よくソルドで買えたなら、自分のために待っていてくれたような気がして、いっそう愛着が増してしまいます。そうして買い足してきたものをこれからも大切にして、10年後も、もっと後までも手持ちの服で常に自分らしいと納得できる格好をする……、それが私の理想。

パートナーの意見も参考に、新鮮な組み合わせを

とはいえ、これでなければイヤと決めているわけではなく、テイストが少しずつ変化している部分もあります。ときには冒険もするし、パートナーの意見を参考に新しい組み合わせに挑戦することもあります。たとえば、白い綿シャツに刺繍入りシルクの膝丈パンツを合わせたり。

自分とは発想が違う人の視点やアドバイスも大切にすると、着こなしの幅が広くなりますよね。こうして新鮮な発見をするたびに、「これから先、年齢を重ねていくと、着こなしや色の好みが、どう変わっていくのかしら？」なんて、楽しみになってきます。

そうそう、もうひとつ心がけているポイントは、どんなに美しい色でも上等の素材でも、

着てみて体型にしっくりなじまないときには買わないということ。ハンガーに吊している間はキレイでも、自分にフィットしない服は、クローゼットの奥のほうに埋もれて忘れられてしまう運命にあるのですから。

ちなみに、クローゼットをのぞくと、アイテムの多くは身体のラインに沿ったシルエットです。丈の長いスカートはどう着こなしていいのかわからず、ひらひらロマンティックすぎるタイプも似合わない。だぶついている感覚は苦手です。

だから、私のワードローブは、自然と体型がチェックできてしまうのです。体重計に乗らなくても、服を着たときに「あれ?」と、体重の変化がわかってしまいます。ボタンが締めにくかったり、ウエストがきつかったり……。

太ってしまったら、大好きな洋服たちが着られなくなってしまうので、身体が「それは、もったいない」と、いうことを聞いてくれるのです。

上半身はぴたぴた

ぶかぶか嫌い

トップがぴったり身体にフィットしていないと落ち着かない。

いつのころからか徹底している、自分なりのファッション・ルールです。「ぴたぴた上半身」スタイルは、伸縮性に富むニットやストレッチの利いたカットソーだけではなく、白いシャツやジャケットにも共通。木綿でもジャージ素材にしても、フィット感のないルーズなアイテムは、着ていて落ち着かないのです。

もちろん、着るものは個人の好みですから、ゆったりした布の中で身体がくつろぐ、という視点も悪くありません。でも私にとっては、ボディラインにぴたっと沿うことが大事ですし、たっぷりとした服は、自分らしくない気がするのです。

たとえばニットなどでMとSの両サイズがあったら90パーセントの確率でSサイズ、あれば「XS」、エクストラスモールを選んでしまいます。もちろん、小さすぎても良くないのですが……。

ピッタリした服ばかりですと、少しでも太ったり痩せたりするのが、てきめんにわかります。そうなると、自然に体型を維持しようという意識が出てきますね。それが功を奏するのか、ダイエットに躍起にならなくても元通りになるから、身体は不思議。もちろん、大好きなデザートを少し我慢するときもありますが……。

メーカーによって微妙な寸法の差もありますし、ニットなどは編み目の大きさによってもニュアンスは変わってきます。必ず試着をして、顔うつりと全身の印象を確認してから購入します。

愛用のトップに、黒いカシミアの薄手のニットがあります。もちろん細身です。実は冬物なのですが、ハイゲージのとても細い糸を使っています。これは、首元の開き加減といい、七分袖といい、ヨーロッパの気候なら一年中着られる一枚。3月にハワイへ行ったときも、着ていたくらいですから、日本でも真夏でなければ大丈夫。カシミア100パーセントのとても薄い素材なので、軽くて、身体に無理なくなじんでくれてとても着心地がいいんですよ。

コンパクトジャケットのフィット感

アウターでも、「シャープなシルエットで着こなしたい」気持ちは変わりません。特に気になるのが、脇からウエストにかけてのシルエット。ボディに沿うタイプを選ぶことが多いので、インナーには薄手のものを着用します。丈もウエスト位置くらいまでのコンパクトなものに惹かれます。

グレーのショート丈のジャケット（p4）はニナリッチで買いました。ピタッとしたシャツのような着方をしたかったので、ジャケットの下には何も着ていないんですよ。マスキュリンなパンツも、こうして小さめのトップと合わせれば、フェミニンなイメージになると思うのです。

実は子どもを産んでから、以前より少し痩せたので、会社員時代からずっと愛用していたジャケットがちょっともたついた感じになってしまいました。大好きな一着ですから簡単には手放せません。ウエスト部分を元のシルエットより細めに直し、今も大切に着ています。

きりっと上品なジャケットスタイルは、女性をエレガントで理知的に見せてくれる気がしませんか？　パリを散歩していても、ジャケットを美しく着こなしている人を見かけると、つい目で追ってしまう私。インナーに何を着ているか、どんな小物と合わせているか……、とても勉強になります。

ジーンズは永遠の友達

ワードローブのレギュラー選手

ジーンズが好きな方、多いですよね！　私も大好き。妊娠中も、妊婦用ジーンズを見つけてはいていました。おすすめですよ！

家族で公園を散歩するとき。スーパーマーケットで買い物するとき。取材などの仕事のとき、旅行のときも重宝。シーズンに関係なく使えて活動的なジーンズは、私のワードローブに欠かせません。

コーディネート次第で、フォーマルなシーンにも対応できるのもジーンズの魅力でしょう。ちょっとしたパーティにも、よくはいていきます。その場合は柔らかい素材のブラウスや、紺のシンプルなジャケットと合わせ、足元にはヒールを。カジュアルになりすぎない着こなしを心がけます。

ただ、ジーンズは誰にでも似合いそうでいて、実は、はきこなすのがとても難しいアイテムなんですよね。ヒップや脚の形がはっきりわかりますから、本当に自分の体型に合ったものを吟味しなければならないと思います。

特別なヴィンテージでなければ、そう値段のはるものではありません。それで「とりあえず、これ」という感じで買ってしまうこともあるかもしれませんが、私はジーンズこそ試着室でじっくり検討します。股上の深さも、ローライズより、深ばきと浅ばきの中間くらいが着心地のうえからいっても好きです。

今、主にローテーションさせているのは、3本です。基本はどれもブルージーンズですが、シルエットやデザインなどは少しずつ違います。

ZARA（手ごろな価格が人気のチェーン・ストア）のスウェード・ジャケットと合わせているのはヘビーローテーションさせているうちの一本で（写真p3右上）、セブンフォーオールマンカインドのもの。美脚ジーンズとしても話題になりましたよね。

映画のチケットを手にした写真で着ているのは（p3左上）ペーパーデニムのもの。使い込んだような風合いがお気に入り。この日はグリーンとピンクの模様を描いた茶の革のトップと合わせました。

そして、キャメルカラーの革のコートと合わせたのがリーバイス（p2）。足元にはコートと同系色のブーツを。レングスが少し長めなのですが、裾の部分が気に入っているので、がんばって切らずにはいています。

このリーバイスはLEVIS PREMIUM JEANSというライン。プレミアム・レッドタブはセミフォーマルにも対応するきれいめのシルエットが特徴です。定番であるW501は着たいのに、私には腰まわりがしっくりきません。それでリーバイスというブランドをこれまでは敬遠していましたが、新しく出たというプレミアム・ラインを、色落ちの具合に惹かれて試してみたら見事にフィット。一緒にブティックに行ったパートナーも珍しく私に合うジーンズがあったので、なんと2本、プレゼントしてくれました。

ちなみに革のコートはジル・サンダーのもの。細身のシルエットや、衿やカフスのディテールが少し凝ったデザインになっていて素敵でしょう？

16区にあるブティック『コンプレックス』（p113）は、ジーンズ・コーナーが充実しているので、散歩のついでにのぞきます。とにかく種類が多いので、いろいろトライしてみようと思っています。

ジーンズに関しても、私の「細いシルエットをつくる着方」は変わりません。ただ、あまりにぴちぴちのジーンズでは、下半身のラインが丸見えになってしまって、ちょっと……。あくまでジャストサイズで、自分自身が快適であることがポイントです。

真珠のネックレスは重宝

長さ、色彩、バリエーションを楽しむ

「ずいぶん真珠が好きなのですね」

と何度も言われました。たしかに、何本かのネックレスを幾通りにもあしらい、シンプルな基本スタイルに変化をつけて楽しんでいます。

実際、パールのネックレスほど重宝するアクセサリーはありません。

首まわりを飾ってくれるオーソドックスな一連のもの、アレンジが利くロングのもの、遊びがあるイミテーションのもの……。私もいくつか持っていますが、どんなコーディネートと合わせるか、どんなつけ方をするかでまったく印象が変わるので、私にとってはなくてはならないアイテムです。

いちばんボリュームがあってユニークなのは、ジャケットの下からのぞかせた何連ものパール（写真p4）。何を隠そう、これは首元から胸の下まで扇形に広がるビュスチェ風のネ

ックレス。ホルターネックのビキニのブラのように首の後ろと背中を鎖で留めるようになっています。これはフェイクですが、とても役に立つアクセサリー。数年前にジャン・ルイシェレルで購入しました。

この素肌に直接つけるコーディネートは気に入っていて、2004年夏にミュージカルを取材するテレビの仕事でニューヨークに出張したときにも紺のジャケットと組み合わせました。そのときの写真がサイト、JuicyStyleの連載第1回を飾ったのも、思い出に残っています。

私はすっきりした服が好きです。けれど、何かアクセントが欲しい、でも一連のパールネックレスでは華やかさに欠けると思ったときに、遊びのあるパールネックレスがあるととても便利なのです。ビュスチェ風ネックレスは、パーティや、夏のカクテルタイムなどでは、チューブトップにつけてもいいと思いませんか？

シンプルなモノトーンのシャツの下につける日もあります。黒のシャツにグレンチェックのパンツというおとなしい服装も、シャツのボタンを大きく開けてこのパールを合わせるだけで、とても華やかな雰囲気になります。

フォーマルでよく使われるのは、42センチくらいのものですが、私はその定番の長さを2本つなげた特注のパールネックレスを持っています（p5）。アジャスターで留める位置を変えられるように作っていただいたもので、つなげてロングネックレスとして使うこともあります。胸元の開いたニットの上からだらりと下げたり、長短をつけた二連にすると、ちょっとドレッシーな雰囲気。

また、ブレスレットのように腕に巻きつけたり、首にぴたっと張り付くように4〜5連に巻くチョーカー風のアレンジも可能です。ベルトとしても使え、工夫次第でそれこそ十何通りのつけ方ができます。旅行に持っていくと、本当に便利なすぐれもの。

こんなふうにパールのネックレスも、オフィシャルに、カジュアルにとさまざまな場面で応用していくと、どんどん新たな使い方のアイデアがわいてきます。工夫すればするほどパワーを発揮するものだけに、パーティや冠婚葬祭の決まりきったシーンでしか使えない、というのではもったいないですね。

分相応の真珠を使い回す

真っ白な真珠のネックレス、いいですよねぇ。でも、私は薄いピンクやイエロー、グレー、グリーンなどいろいろな自然の色を組み合わせたタイプも好き。つけたときの表情も、一色のものより軽快で華やかな感じになります。p5の真珠のように微妙に粒の色がそろってないものなら、本物でも手の届くお値段です。

そうそう、おしゃれをするうえで大切な点のひとつに、分相応なものを買うということがあると思うのです。たとえ無理をして手に入れても、「高かったから」と後生大事にしまっておいては意味がないですね。特にパールやジュエリーは、身につけていくうちに自分になじんできますし、気持ちも浮き浮きしてきます。自分にふさわしく、使いやすいものを選びたいですね。

もうひとつ、私が愛用している薄いピンクの一連パールがあります。会社員時代に購入したものです。有名ブランドの製品ではありませんが、それでも、お給料を貯めて、自分で珠から選んだので、今でももちろん大切にしています。

なぜか、気持ちがパールから離れていた時期も何年かあるのですが、最近またとても気になってきています。

清潔な白いシャツ

きれいなシルエットに魅せられて

私がふだんに選ぶスタイルは、「スキッとした格好」。たとえば飾りのないジャケットとストレートなパンツなど、組み合わせるものも甘さを抑えた印象の服が多いです。とりわけ、お気に入りアイテムであるシャツ、それも白いシャツは、きりっと爽やかに着たいのです。

ジーンズに合わせてもいいし、仕事のときも白いシャツは大活躍。とても優秀なアイテムです。トークショーやイベントの司会のときに、私がよく白いシャツを着ていることに気づいてくださっているでしょうか。

シャツのデザイン自体は、いたってシンプル。極端なフォルムやとんがったディテールよりも、何げない雰囲気、それでいて、きちっと清潔に見える白いシャツの良さがじゅうぶん発揮できるものを、いつも求めています。

「きれいだな、スッキリしたシルエットだし、肌ざわりもよさそう」
そんなふうに感じたら、無名のメーカーであれ、まず試着。ノンブランドでもショーケースで一目惚れしてしまうものもありますし、逆に、ハイブランドの最先端トレンドといわれるデザインでもそれほどときめかないときも。自分なりのチェックポイントに合格していたら、買います。ブランドのものも好きですが、何より大切なのは、自分が求めているものかどうか……ですよね。

持っているものは、すべてカッティングなどが微妙に違っています。シルエットやフィット感がシャープなもの、レースやフリルなどの遊びがあるのですが「かわいすぎない」もの、ちょっとドレスアップする場でも使えるデコラティヴなシャツなど、いろいろです。

ただ、私なりに定番といえるのは、フィット感のあるコットンシャツ。トレンドを追いかけるのではなく、お気に入りを長く着ていきたいので、素材はとても大切です。自然と、着ていて気持ちがいいと思うものが主役になっていきます。

慎重に選ぶと長く着られる

ですから、買うときはきちんと試着をしてから。「これだ」と思うものに出会うまでは慎重です。とはいえ、決め手は直感です。少々基準が漠然としていますが、出会えたときのときめきを大切にしたいのです。

今とても気に入っているのは、D&G《ドルチェ&ガッバーナ》のシャツ（p6左下）です。これはカッティングが美しくて、あつらえたように細身のシルエットをつくってくれます。上腕のあたりなどは腕を振り回したら破れてしまうんじゃないかしらと思うほどにぴったり。動きやすいのに1ミリのたるみもないようなフィット感が、私には心地いいのです。

長めのカフス部分にたくさん並んだボタンがアクセントになっていますが、衿の感じなどはごくふつうでしょ？　正面から見ると本当にさり気ないデザインです。でも何に合わせてもスタイリッシュに決まる、大好きな一枚です。

あまりに気に入って、「あと2枚くらい買っておこうかしら」と後日同じものを買いに行ったら、もう売り切れてしまった後でした……。よけいこの一枚が大切に思えて、ていねいに着ています。

今はイタリア製D&Gから、日本製セオリーまで、白いシャツはクローゼットに10枚くらい並んでいます。素材は少しずつ違うけれど、どれもぴったりとボディに張り付くようなカッティングが施されているので、少しでもお肉がつくと大変！

もっとも活動的なのは、ストレッチ素材のノースリーブ（写真p3左下）。出番の多い一枚です。南仏に週末だけ出かけるときも必ず持っていきます。

同じノースリーブでも、シルクのドレッシーなものも（写真p5）。撮影場所になった格式あるオテル・ラファエル（p154）の空間に似合う、という観点で選びました。肩まわりが大きくカットされ、ウエストが細く絞られたフォルムは、ボディラインを品よくきわだたせてくれます。

身ごろとカフスにフリルがついているシルク・シャツは、ブラッスリー『サヴィ』（p148）に行ったときに。私が選んだものとしてはロマンティックなデザインですが、甘くなりすぎないクラシック感覚が好きです。シャキッとはりのあるシルク生地の肌ざわりも心地よくて……。

他に、パンツとよく合わせるのは、丈が短めの七分袖の綿シャツ（p6右上）。ウエスト部分を絞るようなカッティングになっています。トップは常に細身、という私の好みにぴったり。バカンス先ではこの白シャツにショートパンツを合わせることもあります。思い出すうちに、海辺でまばゆい陽差しを浴びたくなってきました！

南仏風・肌見せスタイル

品のあるバカンス・モード

大好きなパリですが、ときどき、南仏でのんびりしたくなります。彼の実家が南仏なので、義父母に会う目的もありますが、温暖な気候といい、降り注ぐ光にきらめく海やグリーンの美しさといい、深呼吸するだけで身体が元気になる感じ。

夏はパリの気温が18度くらいでも南仏は30度近く。夜中を過ぎてようやく涼しさを感じるくらい。冬でも昼間陽が差していればシャツ一枚で、屋外でランチができたりするんですよ。パリからは飛行機で約1時間半ですから、毎週末にでも飛んでいきたいほど。実際はなかなか行けず、「行きたい！　行きたい！」と願っている時間が圧倒的に多いのですが……。

そんな南仏は、私にとって、パリや東京ではめったに着ることがない服を楽しむ場所でもあります。この黒のホルターネックのトップとロングスカート（p7上）は、２００２年に購入。夏の旅行に必ずといっていいほど持っていく大活躍アイテムです。素材が麻なのでトランクから取り出すとかなりシワが入ってしまうのですが、そのくたっとした感じが意外といいんです。

お店で見たときに、「これ着たいなあ」と一目惚れしたにもかかわらず、買うまでに迷ったアンサンブルでもあります。胸元が深く開き、肩のラインも大胆に出ているデザイン。実は背中も大きく開いているのです。しかもトップはとてもタイトで、前にくるみボタンがついています。ちょっとでもおなかにお肉がついたら着られなくなってしまう……。逡巡している私の背中を押してくれたのは、ちょうどパリに遊びに来ていた母でした。「こういう服は着られるうちに楽しんで、どんどん着たほうがいいのよ！」とひとこと。思い切って買って正解でした。

また、大胆に肩を見せる白いワンショルダーのブラウス（p7左上）は、義父母の南仏の家に行ったときのショット。ディナーに出かける前に撮影しました。素材はコットンで、思い切りドレープが入っていてちょっと珍しいデザインです。ジーンズとサンダルを合わせ、少しリッチなバカンスのイメージにしてみました。

ちなみに、南仏では白いシャツに麻の白のパンツ、白の靴など、白で統一したコーディネートの人を見かけます。夏の陽差しに映える全身白の着こなしをサントロペスタイルと呼ぶそうで、私のパートナーも好きなスタイルです。

パーティにはパートナーと合う服装で

南仏でも友人宅でのパーティに招待されます。そこではっとさせられるのは、ゲストたちの華やかな装い。女性のほとんどは、年齢に関係なく、背中や胸元が大きく開いたワンピースやロングドレスという出で立ちで、颯爽と肌見せスタイルを楽しんでいるのです。「あれだけ背中が開いていると、下着はつけられないだろうなあ」と、感心して見ています。日本女性ならヌーブラでもつけるところでしょうが、フランス女性はノーブラでも平気！

ドレスの色彩も、黒や赤、カラフルなフラワーモチーフ、幾何学柄など、本当に個性を引き立てるものばかり。年齢や体型を気にせず、好きなドレスを堂々と着ていられるのがフランスのいいところでしょう。私も、妊娠中に胸と背中が大きく開いたドレスでパーティに出席したことがありますが、日本だったら、びっくりされてしまうでしょうね。

また、男性もパートナーの女性がきれいに着飾るのを喜んでくれますし、何よりほめ上手。女性も楽しくドレスアップできます。出かける前に、彼と相談しながら着るもののトーンを合わせたりするのも心弾むひとときです。

春夏の革アイテム

革ジャケットを一年中

東京の気候からすると、「春夏に革を着る」といえば奇妙に思われるかもしれません。特に気温だけなら、パリも暑い日が多くなりました。パートナーが「アヴニュー・モンテーニュ（p157地図A参照。高級ブランドショップが並ぶ大通り）にビキニで行けるよ！」と冗談を言うほど。実際、夏が近づくにつれ、街なかなのに、芝生の上で日光浴にいそしんでいる人たちがいます。

ですが、湿度が低いので、ちょっと日が陰ったり風が吹くと、急に肌寒さを感じます。革好きの私としては、革のジャケットを一年中着られるパリの気候は嬉しい限り。定番は、Tシャツや白いシャツにジーンズ、そして革のジャケットというスタイルです。友人とのランチや近所でのショッピングなど、気軽なお出かけにはぴったり。足元はスニーカーではなく、同系色のヒールのあるサンダルにして、崩しすぎないようにしています。

革ジャケットは一生着る心積もりで選ぶので、値の張るものを買うこともごくたまにあります。たとえば、ヴァレンティノのつややかで身体になじむ革製品は、素材、縫製ともに申し分ありません。袖を通すたびに、こういうジャケットを作るクチュール・メゾンの底力が伝わってきます、

また、茶の革のシャツとスカートのセットアップ（p8上段）は5年以上前に購入し、いまだに毎年着回しているもの。春夏物の薄手の革なので、とても軽いのが特徴です。

正面から見るとごくシンプルな革ノースリーブシャツとタイトスカートですが、実は背中の大きく開いたスリットがアクセント。同じ茶のスカートと合わせてヒールを履けばエレガントな感じに。ジーンズと合わせるとマニッシュなムードになります。パンツを白にしてもまた雰囲気が変わりますし、セットアップの上にジャケットを羽織ったり、トップを替えてVゾーンの深めのセーターをさらっと着たりしてもステキだと思いませんか。

ジル・サンダーのソルドで購入した製品ですが、いいお買い物をしました。

しっとりしたスウェードの感触

四季を通して重宝している一枚は、ベージュのスウェードジャケット（p3右上）。ジーンズのページ（p30）でお話したパリのZARAで買いました。豊かな風合いを生かす無駄の

ないフォルムは、合わせるものを選びません。

茶系のスウェードは、光のあたる方向によって多彩な表情を見せてくれる点でも、ポイントが高いです。ジル・サンダーのタイトスカート（p8右下）も足腰を柔軟に包んでくれるし、長い間はいていても心地よくいられます。デザインがシンプルなものほど、質の高さがわかります。

革素材は、着崩してもどこか芯が通っているようなかっちりした印象がありますよね。着れば着るだけ肌になじんで味が出てきますし、活躍の場も増えるのです。

これらの革アイテムは、クローゼットの中の通年コーナー（一年中着用するものをまとめてあるコーナー）に置きます。パリは夏場でも夜は冷える日が結構あるのです。パリで生活するようになってから、季節を問わず活用できそうなものを選ぶことが多くなりました。

毛皮《ファー》はパリの必需品

毛足の短いミンクは軽やか

東京ではあまり着る機会のないファー。以前から好きだったのですが、それほど冷え込む日がありませんし、どこに行っても暖房が効いているので、なかなかファーのおしゃれを楽しむことができませんでした。衿のファー使い程度ならいいのですが、ボリュームのあるファーコートなどは、ちょっと重すぎるかしら？　と思っていました。

ところがパリでは、ファーを身につけた女性を、年齢を問わず、当たり前のように見かけます。ファッションというより防寒のための実用品なのですね。一着を大切に、何十年も着ている方もいらっしゃるので、本当に素敵です。私もお気に入りのものを存分に楽しみたいと思っています。

口絵の写真（p9右上）で着ているベストは、動きやすく機能性もじゅうぶんなデザイン。クルマを運転するときにも、着たままでOK。下にはシンプルな厚手カシミア・ニットを合わせることが多いです。

ここ数年の私の愛用のファーアイテムは、ヴィゾン・ラゼといって、ミンク（フランス語ではヴィゾン）を短毛に刈り込んだコートです。短毛なのでとても軽く、それでいて暖かさは変わりません。カジュアルにも着回せるところが気に入っています。

これはいろんなメゾンに毛皮を卸しているアトリエに直接オーダーしたもので、ご紹介できないのが残念。また、いいお店を見つけたらお知らせしますね！

フォックス、テンなど毛足の長いゴージャスな毛皮は、1～2回着るのはいいのですが、今の私の生活スタイルでは、まだ必要ではありません。

でも、ママちゃん（私は義理の母をこう呼びます）のワードローブに、数十年前のヒョウ柄の細身のファーコートを見つけたときは、思わず「うわあ、すてき！」と叫んでしまいました。リッチで、品があって、フェミニンなのです。いつか貸していただこう、と思っています。

落ち着くのは、「秋色」と白

シックな色が肌に映える

子どものころから黒や白、茶系、紺系といった色合いの服が好きでした。さすがに幼少時には、きょうだいでおそろいの服を色違いで着ていましたが、小学校の高学年……自分で服を選ぶような年頃になると、ベージュのシャツや黒の半ズボンなどを好んで着ていましたね。

そういえば、中学1年のときにシカゴに住む母のいとこの家に1ヶ月ホームステイしたことがあります。アウトレットにショッピングに連れていってもらったときも、選ぶ服は紺や茶系のもの。母のいとこに会うたび、「江里ちゃん、子どものときもそういう色の服ばかり着ていたわね！」と言われています。

確か、あのとき買ったのはベージュのコーデュロイのワンピースや、紺のジップアップのカーディガン……。本当に色の趣味は変わっていないですね。

シックな色が好きなのは、父の影響でしょうか。母もおしゃれな人ですが、色に関しては、父にアドバイスを受けたことが多かったように思います。子ども時代、お出かけ服を選んで母に見せに行くと必ず、

「いいと思うわ。でもパパにも聞いてごらんなさい」

と言われました。父の意見に絶対の信頼があったんですね。それで自然に落ち着いた色を好むようになったのかもしれません。

ですから、今でも私のワードローブのメインを占めるのは、シンプル＆シックな色たちです。

かつてカラーコンサルティングの勉強をしている友人から、「あなたは秋色よ」と言われたことがあります。私はうまく説明できないのですが、秋色のカラーチャートを見ると、構成しているのはアースカラーやえんじ、深緑のような色のラインナップ。白や黒にも「秋色系」のトーンが存在するようです。

友人に、「あなたがそういう系統の色を着ているのは正解だわ」と言われ、嬉しかったです。自分の好きな色は、自分に似合う色ということでしょうか。

気になる色合いが、ここ数年は、ライトベージュやブラウンなど茶系の色合いのものに傾いていました。ところが、最近はなぜか黒を着たくて、気づくとモノトーンの服を着ている

ことが多いのです。自分の好きな色調のなかでも、そのときの気分や環境で選ぶ色というのは変わるのですね。

ベーシックなカラーは誰もが着ます。どうやって個性を出すかを考えるのも楽しいものです。差し色の工夫もそのひとつ。華やかな色は得意ではないのですが、サーモンピンクは秋色に合うせいか、いつも気になります。

白のコーディネート

白を上品にセンス良く着こなしたいと常々思っています。光を反射し、潔ささえ感じる色。どんな色とも相性がいいのですが、私が好きなのは、全身白で統一するスタイルです。

まずは夏。柔らかい麻の白いテーラードジャケットに白のカットソー、パンツも白。ヴァレンティノの大きいバックルのベルトをアクセントにしました（p10右下）。衿元はオープン気味に、パンツも足首が見えるくらいの丈でまとめたので、夏らしくすっきり見えませんか？

全身白のコーディネートでは、小物が重要なアクセントになります。私は、ストールやスカーフといった巻きもの使いはよくするのですが、ベルトは、なかなかうまく使いこなせませんでした。でも去年の夏から少しずつ挑戦しています。このコーディネートでのベルト使いは、うまくいっているかしら？

冬に着る白も大好き！　夏の白は爽やかですが、冬の白は選び方が難しい気がします。温もりのあるディテールや、素材使いの工夫が必要ですよね。たとえば、真っ白よりはミルキーホワイトのような、少し黄みがかった白のほうが暖かそう。白のなかにある多彩なニュアンスを生かして、コーディネートに変化をつけたり、自分らしさを表現できたらすてきですよね。

２００５年秋、国立図書館に近いパッサージュ（アーケードになった商店街）、ギャルリー・ヴィヴィエンヌにあるサロン・ド・テ『ア・プリオリ・テ』（ｐ１３６）に向かったときは、カーディガンもコートも白でそろえました（ｐ10上）。

アパルトマンを出ようとすると、何だか冷たいものが……。まさか雨!?　……そのまさかでした。よりによって白いコーデイネートをした日に降らなくたって……と悲しくなりました。でも時間がなかったので、そのまま出かけることに。大降りではなかったのがせめてもの救いです。

実は引っ越しをひかえて慌しかったうえに、睡眠不足でボーッとしていたのです。頭の中をすっきりさせたくて、全身白にしてみました。

白を着ると、不思議と疲れが遠ざかり、ピュアな感覚が戻ってくるような気がします。自分では気づかないうちに、服の色が自分にパワーをくれていることって、みなさんは経験ありませんか？

愛すべきツインニット

ホームパーティに最適

フランスでは、しょっちゅう友人宅に招かれて食事をします。「○○のレストランに行こうよ!」というよりは、「私の家に食事に来て!」と言われる機会がとても多いのです。でも、まったく堅苦しさはありません。呼ぶほうも呼ばれるほうも気楽なのです。

ただ、お家へ招かれたら何かひと品手みやげを持っていく、そして次回は私たちがそのカップルを招待する……これがフランス流の暗黙のマナー。あるときは、かわいいブーケを。またあるときは、冷蔵庫でちょうど冷えていたシャンパンを抱えて。そんなカジュアルな行き来はとても楽しいものです。

こういう場に着ていく洋服は、特に気を遣うことはないですね。好きなものを着ていけばいいのですが、不思議とそんなときに出番が多いのは、私の場合、ツインニットです。

食事の席だけでなく、散歩やショッピングなどにも、ツインニットは大活躍。ここ10年ほど、毎年ちょっとずつ買い足してきたものなので、今ではかなりバリエーションを楽しめるようになりました。

デザイン的には、ツインニットの上は丸首のオーソドックスなカーディガン、中は半袖かタンクトップ、あるいは袖なしのハイネックのニットという組み合わせが多いですね。

ツインニットの魅力は、まず長時間着ていても疲れないこと。上だけ、あるいは中だけという着回しも自在ですし、防寒効果も兼ねるので一石何鳥にもなるのです。

防寒などというとオーバーに聞こえるかもしれませんが、パリは、夏の夜でも気温がグッと下がることがあります。ところが、少々肌寒くてもフランス人は皆、夏場は屋外で食事をしたがります。彼らは平気な顔をしていますが、私は身体が冷えてくるのがわかります。寒がりの私にはつらいところ。誰になんと言われようと、寒くない格好をして出かけます。

気取りすぎず、崩しすぎず

また、欧米では仕事の打ち合わせなどを兼ねてのディナーも、誰かの家に招《よ》ばれて、ということがよくあります。そんなときには集まる顔ぶれによって、どの程度の格好が適切か、考えます。気取りすぎず、でも崩しすぎは禁物。

たとえば、いつも着ている定番のツインニットでも、ボトムはいつもよりエレガントなパンツにして、首元にはパールのネックレスをつけたり……。茶のカシミアのツインニットにアイボリーのパンツ（p11）の組み合わせは、シンプルですが私の好きな色味です。シンプルな組み合わせでも、シチュエーションに合わせてジュエリーやスカーフでほんの少し華やかさを添えると、また、あらたまった雰囲気になりますよね。

そういえば、このときは友人宅に着いたのが夜の9時過ぎ（日本だったら「それでは、そろそろおいとまします」なんて言っているころですよね）。持っていったシャンパンは着いて早々に開けられ、カクテルタイムに供されました。

アパルトマンの5階にある友人の部屋からは、エッフェル塔がよく見えました。シャンパンの透明な泡の向こうに、ライトアップされた塔が浮かんでロマンティック。グリッシーニにオリーブのペーストなどをつけていただきながら、和気あいあいと会話を楽しんでいると気分がよくて、いつも以上にお酒がすすんでしまうこともあります。

食事が済んでからもそれぞれが語る各国のおすすめホテルの話に花が咲き、気づいたら夜中の1時を回っていました！　フランス人にとってはこんな時間まで歓談しているのも普通の行動なのですが、私たちは娘もいたので、慌てて退散したのを覚えています。

繊細なランジェリー

贅沢をまといたい

美しいレースのついたランジェリーを身につけて、ドキドキしない女性はいないでしょう。今の私の日常を考えると、上質な下着で優雅に過ごすなどというのは夢のまた夢。でも、華やかな下着は見ているだけでも贅沢な気持ちになります。

日本では寄せて上げるブラジャーなど、体型の補正機能が発達していますよね。でもフランスでは総レースのノンパッディド（パッドやカップの入っていないタイプ）のブラジャーが、むしろ主流です。上にTシャツや薄手のセーターを着ただけでは透けてしまいそうで、私などは不安になりますが、フランス女性は気にしていないようです。それどころか、ノーブラの人も多いですし、ビーチではトップレスの女性がたくさん！　もともと、下着で身体のラインを整える、あるいは隠すという感覚がないのでしょうね。

私自身は、寄せ上げまではしなくても、バストをきちんと支えてくれるもののほうが安心感があるのでパッディドタイプを探すのですが、フランスでは1枚レースのものはあっても、同じラインでパッディドは置いていないこともしばしば。

薄手の服を着るときは、表に響かないようにモールドカップ（装飾のないツルッとしたタイプ）のブラジャーを選びます。逆に厚手のセーターの下には、ちょっと冒険してふだん身につけない色を楽しんだり。

綺麗な下着に包まれていると、ドキドキしてくる感覚、大切にしたいと思います。実用性と見た目の美しさ。このふたつのバランスを、うまくとっていけるといいですよね。

日本のデパートとの違い

日本のデパートでは、ラ・ペルラのショップなら扱っているのはラ・ペルラの製品だけと、下着売り場もブランドごとにコーナーがくっきり分かれている場合が多いですが、フランスでは、さまざまなブランドが混在して置いてあるところがあります。お目当てのブランドが特になく「何か綺麗な下着がないかしら」というときにも便利です。

また、定番で入荷しているブランドの他に、1ヶ月ごと、あるいはシーズンごとなど、期間限定で新しいコレクションを紹介したりするプロモーションにも積極的。それだけに、下着との思わぬ出会いがあるのがフランス。フランス女性は、下着を贅沢に楽しむことに熱心です。

日本では見かけない光景ですが、フランスでは女性が男性といっしょに下着を買いにくるケースは珍しくありません。夫や恋人が試着室をのぞき、二人で選ぶのです。いちばん身近な男性の意見を聞く、そして、カップルで考えるのは素敵な習慣だと思います。

そうそう、最近知ったのですが、高級デパートのル・ボン・マルシェ（p122）では、下着売り場の試着室に、インターフォンがついています。そのインターフォンで違うサイズを頼んだりできるので、日本のように試着室のカーテン越しに大声で叫ばなくていい。この配慮を感じさせるシステムは、自分にぴったりの美しい下着を心ゆくまで選びたい女性にとって嬉しいサービスです。

コレクションしている大判ストール

パシュミナ、カシミア、シルク

私のワードローブには、少しずつ育てているようなコレクションがあります。季節に応じて、また色の組み合わせでいろいろに楽しめるのがストール。流行があるわけでもないので、ずっと長く使えます。

いつからなのかはっきりとは覚えていませんが、ストールが大好きになり、毎年少しずつ買い足してきた成果がこれ（p11右下）。見てください、いろんな色があるでしょう？

大判のストールは本当に優秀。服の差し色として、あるいは防寒用として、寒がりな私にとっては、パリの夏でも欠かせない通年必須のアイテムです。

ひとくちに大判のストールといっても、素材もさまざま。ウール、パシュミナ、シルク混のシルクパシュミナ、カシミア……素材によって使い分けもします。

秋の暖かい日などは、よくコートを着ないで色違いのカシミアストールを2枚重ねて、ふんわり肩に巻くように羽織ったりしています。春先から夏場は、光沢があって軽いシルク混紡のものが重宝。朝晩ちょっと冷えるなと感じたときや、冷房の効きすぎた場所で活躍します。寒さ対策にＴシャツの上から羽織ったり、腰に巻いたり。テラスで食事をするとき足元が冷えないよう膝掛け代わりに使うことも……。

コンパクトなので旅のお供にも欠かせません。飛行機に乗るとき、これで首まわりを包んでおくと冷え防止になります。

幼い娘をふわっと包む

毛布代わりに使うこともあります。ベビーカーに乗っている娘にかけたり、ストールで娘をふわっと包んでしまうことも。

実は、パートナーも私のコレクションの中から、毎日スーツに合わせてマフラー用に選んでいくんですよ！

ちなみに私のストール・コレクションには、『エリック・ボンパール』のものも何枚かあります。オスマン大通りやマレ地区などパリのあちこちに店舗があり、ギャルリー・ラファイエットなど、デパートにも入っているカシミアの専門店です（ｐ１２８）。

私はときどきお店をのぞいて、ステキだなと思う色を見つけたら、まず試してみます。ただし、すぐ買うことはめったにありません。とてもきれいで後ろ髪を引かれても、一旦は買わずに帰ります。

ストールのように今すぐ必要というわけではないアイテムは、またまた「ソルドのときまで残っていますように」と私のワードローブに加わってくれるようお祈りします。後日、幸運にも買えた嬉しさといったら！

服はベーシックな色が多いせいか、ストールに関してはベビーピンク、赤、オレンジなど華やかな色に目が行きますね。

手洗いできて、さっとアイロンを当てるだけでＯＫ。ていねいに扱えば風合いも変わらず、いつまでも活躍してくれます。

手袋をアクセントに

実用以外の目的で

防寒用はもちろんですが、おしゃれの小道具としての手袋にも興味があります。寒い冬には、中にカシミアライナーを引いた革手袋に勝るものはありませんが、ちょっと手に持っているだけでさまになる個性的なグローブをじょうずに取り入れることができたら……と思います。

フラワーモチーフがついたキャメルのグローブは、手の甲を隠し、人差し指から小指は出る格好になります（p11）。ドライブ用のグローブみたいでしょう？　シンプルなセーターと合わせたら、フラワーモチーフも甘くなりすぎず、いいバランスで使えます。

口絵の同じページに写真がある、ブルーのスウェードに茶の革をあしらったグローブ。指先にあしらった革は、補強のためのアイデアにも見えるし、爪に見立てた遊びのようにも見えます。バッグや靴と色合わせをしたら、楽しいですよ。

バッグの役割は重要

エルメスもノンブランドも、それぞれの良さ

男性からすると、女性がなぜあれほどたくさんのバッグを所有しているのか不思議でしょうね。パートナーにも、「バッグなんて、通勤用とお出かけ用と冠婚葬祭用、その3つあればじゅうぶんじゃないの？」とからかわれます。でも私も多くの女性の例に漏れずバッグが大好きで、その日のスタイルに合わせて持ち替えています。

たとえば黒のパンツスーツは、エルメスの黒いバーキンを合わせればビジネススタイルになりますし、小さな白のファーバッグと合わせれば、夜のお食事に出かけるのに最適です。バッグによって全身の印象が変わりますから、重要な脇役です。私の場合、服はシンプルなものが多いので、バッグはまさに準主役の位置づけ。服を決めた後、「きょうはどのバッグにしよう？」と悩むこともしばしばです。

愛用しているバッグはさまざま。最近は買い足していませんが、エルメスのケリーやバー

キンもいくつか持っています。私が最初に買ったエルメスは黒いケリーバッグで、23歳のころでした。現在のように、オーダーしてから何年待ちということもなく、パリや他の国の都市でもお店の棚に並んでいました。

ケリーバッグはちょっとあらたまった席で、よく活躍してくれました。たとえば、4回目の結婚記念日に私たちお気に入りの三つ星レストラン、ルドワイヤンに行った午後。このときはボルドーのケリーバッグを合わせました。ボルドーのこっくりとした色合いは、その日に着ていた黒いセーターにタイトスカートというスタイルにも、一軒家のレストランを取り囲む緑にも、よく映えていた気がします。でも最近ではケリーバッグは、カジュアルな場でも使うことが多くなりました。

また、私が勝手にミルフィーユ・バッグと呼んでいるバーキン（p6）は、とても使いやすいです。色とりどりの革を層にして、スライスした断面を見せると不思議な柄ができます。まるで革のミルフィーユ……みたいでしょう？　まちが広くて、書類もおむつも何でも入って機能的。その便利さで手放せない、普段使いの逸品です。

毎年9月の中旬にパリのモンテーニュ大通りとフランソワ・プルミエ通りで開かれるVEN《ヴァン》-DANGES《ダンジュ》のカクテルパーティの折には、小さなファーバッグ（p8中）を選びました。

ヴァンダンジュとは、ワイン用のブドウの収穫のこと。私たちも招待状をいただいて、出かけてきました。

このパーティでは特にドレスコードがあるわけではないので、来ている人たちの服装も様々。彼は仕事帰りの格好で参加しましたし、私も特に意識せず出かけました。白×黒のパンツに黒い革のジャケット。靴も黒いヒール。白いファーの小さいバッグを選んで、少し優しい雰囲気にしてみました。

プレゼントされたバッグは籐×革のコンビ

籐の小さなバッグは子どものときから好きだったことを覚えています。タイのバンコクに住んでいたので、どこかにお出かけするとなると、妹とおそろいの籐のバッグで意気揚々と出かけたような……。ステキな柄が入ったものや箱型のものなど、いろいろな形があって、幼心に「どれを持とうかな?」と迷うことも楽しかった。それは大人になった今も変わりません。籐のバッグは私にはとても身近なものなのです。

そういえば05年の、彼からの数ヶ月遅れのバースデー・プレゼントも小ぶりの籐バッグでした(p13左)。持ち手とかぶせの部分が革で、実にしっかりした作り。春から夏にかけて毎日のように使っていました。意外と中が広く、お財布や携帯など必要なものはすべて入ります。

とても評判が良くて、どこのお店に行っても誰と会っても、「すてきですね！」と言われました。それを横で聞いている彼は、いつも私以上に嬉しそうにしていました。

布のトートに名前を刺繍

L.L.BEAN《エル・エル・ビーン》のトートバッグは、使いやすいですよ（p12下）。2004年のノエル（クリスマス）のカドー（贈り物）に、義姉のRITCHIE《リッチー》ファミリーからおそろいのものをいただいたのです。収納力が抜群で、厚手のキャンバス地はとにかく丈夫。バッグに名前が入っていて、かわいいでしょう？　やや大きめのブルーのタイプはBARTHES《バルト》と私たちの苗字が。同じサイズで取っ手がピンクのはERIKOバッグ、小さめのピンクのトートは娘の名前が入ったNATSUE《ナツエ》バッグです。

大きいトートは私たちの間ではビーチバッグと呼んでいて、ビーチに行くときに必要なものをぽんぽん放り込んで使っています。去年の夏には、義姉ファミリーと一緒にバカンスを楽しんだので、いつも水辺や庭には2つのビーチバッグが並んで置いてありました。

どんなバッグも私には思い入れがあります。夏の籐バッグ、冬のファーバッグなど、シーズンごとに使い分けるものだけでなく、ふだん使うものも、きちんと手入れしてからしまっています。

靴はイメージを決定づける

足元にも明快なルール

私には秘かな悩みがあって、実は足がとても小さいのです。フランスでは34・5や35、日本でいうと、22・5や23センチというサイズ。

悲しいことに、気に入った靴があっても、サイズがないことがほとんど。サイズがあったとしても、木型の関係で足に合わないこともあります。そんなときは、泣く泣くあきらめるしかありません。もちろん、たまにソルドで掘り出し物を見つけるラッキーなこともあるのですが……。

そんな私にとって、ブーツの季節はとてもありがたいもの。というのも、ブーツなら、少しぐらいサイズが大きくても、厚手の靴下をはけば調整できますもの。防寒にもなりますし、寒いシーズンはブーツが欠かせません。

秋冬になると、パンツにはほとんどショートブーツ（裾が広がったパンツのときはロングブーツを履くこともあります）、スカートのときには、大抵ロングブーツを合わせています。基本的に身体に沿ったシルエットが好きな私。ブーツも例外ではありません。やはり細身のタイプが好きで、買うときは、ふくらはぎの上、ブーツのトップラインに中途半端なゆるみがないかをチェックします。余裕はせいぜい指が1本入るくらいでしょうか。ここがもたついていると、脚の形がきれいに見えません。

そして、ブーツには必ずヒールが欲しい！　ヒールが7センチくらいあるときれいだなぁ、と思います。でも、大切なのはバランス。ヒールが低くてもバランスが美しければOKです。

色は、やはり使い回せる黒、茶、ベージュのブーツが多いですね。

最近は、暖冬だった影響やら、少し心境の変化もあり、冬でもパンプスを合わせることがあります。これからはもしかしたら、私には珍しいスカートにパンプスという組み合わせの登場回数が増えるかも……。

ところで、みなさんはパンプスのとき、ストッキングをはきますか？　私は素足にパンプス派。もちろん寒くないシーズンの話です。会社員のときにも、よく「素足だ！」と驚かれましたが、フランスではそれほど特別でもなさそうです。

私が思うに、フランスではストッキングの質が良くないわりに値段が高いのです。安くて丈夫で機能的にも優れている日本のストッキングは、本当に秀逸。私はまとめて日本で購入しています。

冬にスカートをはくなら、少しストッキングを研究しなくては。どこかおすすめメーカーがあれば、教えてくださいね。

お気に入りの靴は修理を重ねて

足が小さいことの悩みはお話ししましたよね？　撮影やロケのお仕事でも、靴はサイズの問題で借りられず、私物で対応することも多々あります。

そういうときに登場回数が多いのが、セルジオ・ロッシの茶のサンダル。「どこにお金がかかっているんだろう？」と思うような至ってシンプルなデザインなのですが、履くとフォルムがとてもきれい。この先何年も付き合っていきたいと思わせる魅力があります。

日本は室内では履物を脱ぐ文化ですから、意外と靴に無頓着なところがあるかもしれません。でもフランスでは家の中でも外でも一日中履いているせいか、なにかにつけ靴に目がいきます。実際、靴とは長時間のお付き合いになるので、足に合った靴、使い込まれていてもきちんとケアをしている靴を履いていたいと思うのです。

実は、パートナーは靴マニア。彼は日本に来たときに、日本人男性があまりに靴に構わないのを見て、「スーツやネクタイは上等なのに、くたびれた靴を履いている！」と、とても驚いていました。

私はパリを「靴を食べる街」と呼んでいます。パリの街って、不思議と長く歩けてしまう。ついつい気持ちが浮き立って、ほっそりしたヒールを履いていても地下鉄2～3駅くらい軽く歩いてしまっています。

ところが、道が悪かったり、石畳が多かったりするので、ヒールはあっという間に傷んでしまいます。街なかを歩いていて、ヒールが隙間に入り込んでしまい、危うく折れそうになったことが何度もありました。

しまうときは軽く汚れを取り、くたびれている感じがしたら磨きます。突然の雨などで濡れてしまったら、よく乾かしてから片づけます。雨の日に履く靴は本当に悩みの種ですが、こんなときは合成皮革の靴が便利ですよね。

また、少しでも傷んだり、踵の部分が減ってくると、近所にある靴の修理屋さんに出しています。

子どもにも、しなやかな革靴

いい靴とは何か。靴文化の国に来て、あらためて考えさせられました。

健康にも影響するアイテムだけに、ファッション性だけでなく、正しい歩き方をサポートしているか、ちゃんと吟味しなければ。かといって履き心地を優先するあまり、おしゃれから遠ざかってしまうデザインも困ります。この両面のバランスの取れた機能美を備えた靴が、パリの街角にはたくさん並んでいます。

子どもの靴だって大切です。私の娘と妹の子どもは、バースデーがたった6日違いの同い年。あるとき妹は、私の娘の履いている靴を見て、本当にうらやましがりました。娘が履いていたのは、歩きはじめたばかりの子どもの足をきちんと守れるよう足首までしなやかにガードされたデザイン。なのに、実用一辺倒ではなく見た目も可愛い靴でした。

そういう子ども靴は日本には少ないらしく、あったとしても高いそうです。フランスと日本、靴の歴史の差を見た気がしました。今は服だけでなく、妹の子どものために靴を買って帰るようにしています。

もちろん大人の靴は、いっそう選択肢があります。

かつて私が気に入っていた靴のブランドに、アレル（HAREL）があります。残念ながらブランドがなくなってしまったのですが、今もていねいに履いている愛用のパンプスが何足か残っています。

服と同様、靴も極端な形ではないものがいいですね。ベーシックでいて、女らしさが感じられるポイントが欲しいのです。アレルのハラコやリザード（トカゲ）を使ったパンプス

（p14）は上質で、履けば履くほど足になじんできます。実際、形はオーソドックスなのに、遊びのある質感のおかげで、コーディネートが堅くなりすぎません。デザインもクオリティもずっと愛していける靴です。
p14左上写真に写っている黒×ゴールドのサンダルは、私物ではなく、仕事のときにお借りしたものだったのですが、石をあしらった華やかな存在感に一目惚れ。思わず写真に納めてしまいました。

靴のテイストで最近私が気になっているお店は、『ジミー・チュウ』（p118）と、『モナ』（p116）です。ジミー・チュウは、素材の組み合わせ方や、女性であることを主張しているようなデザインが美しいですね。そして、かつては靴専門店だったモナ。今や洋服や小物も充実したセレクトショップに成長しました。どちらのアイテムも、かっこいいけれど行きすぎていない品のよさが魅力。

この2軒には好みの靴が並んでいますが、まだ私は手に入れていません。でも、買う買わないにかかわらず、ショップでながめているだけでもときめきます。

メカニックなクロノグラフ時計

マニッシュなデザインに惹かれる

こう言うと驚かれることも多いのですが、私は男性のように、メカっぽいものが好きです。クルマや時計のデザインも、女性っぽいイメージのものより、「ザ・メカニズム」と主張しているような力強いタイプが好き！

というわけで、私の愛用している時計のほとんどはクロノグラフです。頻繁に登場するのは3つ。手首が隠れるくらい大ぶりの、男性用サイズ。ごろんとした文字盤につい見惚れてしまいます。

今はクロノグラフの特徴である計測計たちは完全にデザインの一部になってしまっていますが、会社員時代はストップウォッチ機能が役立ちました。中継先などで「○秒でコメントを」と言われたときに、自分の時計にストップウォッチがついていたので重宝しました。

私が持っているのは、まずは「コンコルド」というスイスブランドのもの（p15）。コンコルドは純粋な時計メーカーです。フェイスがごく薄手のとてもエレガントな時計も手がけていますが、私はどうしてもマニッシュなクロノに惹かれてしまうのです。

ベルトは金属ではなく革がいいですね。メンズやボーイズサイズのフェイスを選び、さらに金属ベルトだと、女性がつけるにはちょっと重くなってしまいます。

p15の写真でいちばん上に見える、ブラウンの革ベルトの時計は実はメンズ用。文字盤がカジュアルな印象なので、ジーンズスタイルのときなどによく使います。

白のクロコベルトのものは、ダイヤモンドをあしらった女性用のクロノグラフ。ジュエリー感覚で、つけられます。

写真のいちばん下は、ジェラール・ペルゴ。インデックスのローマ数字といい、黒革ベルトといい、ややクラシックな雰囲気。文字盤がとても見やすく、気持ちよく使える時計です。

その日の予定やコーディネートに応じてじょうずに時計を着替えることも、おしゃれを楽しくしてくれる、ひとつの要素です。

大ぶりジュエリーで冒険

本物とジャンクの重ねづけ

ジュエリーのつけ方や選び方には、日本人とフランス人の違いを強く感じます。もちろん、国籍の違いというより、個人の趣味の違いによる部分が大きいのでしょうが、観察してみたところ、日本の女性は小ぶりでクラシックなデザインが好きで、フランスの女性は大ぶりではっきりした色のアイテムを好むような気がします。エスニック（民族）調のアクセサリーをおしゃれのポイントにしている人もよく見かけます。

私は、指輪でもネックレスでも繊細なジュエリーが好きだった時期がありました。まだアナウンサーになりたての二十代前半、欲しくなるのは決まって華奢なものでした。

でも年齢を重ねるにつれ、ボリュームのあるものをつけるようになったのです。ボリュームのあるものは私には似合わないと思い込んでいたのですが、ある日何げなく大きなジュエリーを試してみたら、私の背の高さや体型には大きめのジュエリーのほうが似合うことがわかったのです。どんなアクセサリーが似合うかは、その人の肌の色や体型、雰囲気などと大いに関係があるんですね。二十代後半からはボリュームのあるジュエリーに目がいくようになりました。

アクセサリーのボリュームアップは、フランスのマダムたちの着こなしが勉強になります。重ねづけが好きになったのも、彼女たちの影響です。本物とジャンクをうまく組み合わせて品よくまとめている女性も多く、素敵です。

出産後、服は以前よりさらにシンプルになってきました。その分、ジュエリーで楽しんでいます。

アラカのビジュー・ファンタジー

私がパリで見つけたジュエリーショップ『ギャルリー・アラカ（Galerie Harraca）』（p16）。硬質アクリルにちりばめられたスワロフスキー・クリスタルが光るアクセサリーのファンになってから、もう8〜9年が経ちました。

パリに来るたびに、祖母、母、妹へのおみやげにも買っていたのですが、今では母のほうがアラカ・ジュエリーのコレクター状態です。パリに遊びに来たときなど、「新作は出ているのかしら？」と必ずお店をのぞきに行きます。オーナー兼デザイナーであるマダム、マルティーヌ・アラカさんも、大ぶりのイヤリングやブレスレットを好む少数派の日本女性である母に、とても親切にしてくれます。

ある日、母と二人でお店に行ったときのこと。イヤリング好きの母がつけるような大ぶりのイヤリングを、私はつけた経験がなかったのですが、ついつい母につられてトライしてみました（p16左下）。

私が着ていたのは厚手のカシミア・ニット。髪はキュッと一つにまとめていました。ごくシンプルなスタイルでしたから、「イヤリングとブローチという組み合わせが映えるわよ！」とすすめられ、つけてみることに……。

鏡に映してみたら、思った以上にしっくりきましたし、何より、「今までと違う雰囲気が楽しめて嬉しい！」という気持ちが快かったのです。

おしゃれは「苦手」と思ってはいけないんですね。まずは、トライしてみる！

私にとってアクセサリーは人に見せるためのものではなく、純粋に自分の喜びのためにつけるもの。「それ、ステキね」とほめていただけると嬉しいですが、誰も気づいてくれなくてもまったく平気です。

だから、Tシャツやカシミアニットの下に、ダイヤのネックレスをつけることもあります。一見何もつけていないようだけど、動くときらりと光って……、そんなつけ方が好きなのです。

もっとも、アクセサリーのコーディネートを鏡に向かってじっくり研究しているわけではなく、感覚でどんどん合わせています。ちょっと違うな、と思ったら外せばいいだけ。でも、きょうのニットスタイルには決まっても、違うニットを着てみたらジュエリーが合わないということもあります。最後に鏡でチェックすることを忘れずに。

そうそう、フランスでは本物の宝石や貴金属を使っていないジュエリーを、〝ビジュー・ファンタジー〟と呼びます。響きがロマンティックですよね！

アラカの新しいショップが２００５年秋にヴォージュ広場にオープンしたので、住所と電話番号を書いておきますね。

Galerie Harraca
13, Place des Vosges,
75004 Paris,
France
TEL：01 40 27 02 71

第2章　暮らし編

収納が今後も課題

物持ちがいい、捨てられない

みなさんは、洋服やバッグ、靴、アクセサリーの収納はどうしていますか？

長く使いたいと思うものでも、保管状態が悪いと残念ながら処分するはめに。とはいえ、じゅうぶんにゆったりした収納スペースを持っている人もなかなかいないと思うのです。

それでは広いスペースがあればいいかといえば、そうとも言い切れませんよね。たとえば、私には「もったいない病」があって、物持ちが非常にいいうえに、「これはまだ使えるかも」と思うとどんどん物をためてしまいます。すると、広ければ広いほど、物が増えてしまう気がするのです。

私の理想は、壁一面が薄い収納スペースになっているような、目について取り出しやすい収納スタイル。じょうずに整理したつもりでも、クローゼットの奥の奥にしまい込んでしまうと、「あのバッグが使いたいのに」と思っても、取り出すのが大変で断念してしまったり。結局使わなかったら、それがいちばんもったいないですよね。

そこで2005年11月末の引っ越しを機に、念願の収納スペースを造りました。天井まである本棚とクローゼット。賃貸のアパルトマンですが、フランスでは自分たちで好きなように改装できるので思い切って造ってしまいました。

荷物の搬出入は、この道20年というベテランの引っ越し屋さんにお願いしたのですが、あまりの服の量に、その彼も「こんなに洋服の多いお客さんは、これまでで初めてだよ」と笑うほど。何とかクローゼットに納めたパートナーと私の荷物には、自分たちでも驚いてしまいました。

ところが、上の段に納めたものは、梯子に上って取り出さなくてはいけなくなりました。上の段にあるものを着たいときには、前の晩に取り出しておかないと、朝、急いで整えるのは無理という状況なのです。

今は靴やバッグも手ごろなサイズの袋に入れてクローゼットに並べているだけなので、スペースの使い方としてはまだまだ改善の余地があります。機能的な収納は、これからのバルト家の課題なのです。

お手入れは、ていねいに

ベビーシャンプーでカシミアを洗う

お洗濯やアイロンかけ、実はとても好きなのです。

パリは東京に比べて一般的にクリーニング代が高いと私は思うので、ニット類などは自分で洗うようになりました。

メーカーにもよりますが、自分で洗ってみると、風合いがとてもよくて……ずいぶん以前に買った大好きなバナナ・リパブリックのシンプルなニットや、カシミア専門店のエリック・ボンパールで手に入れたニットは、それこそ洗うたびに肌ざわりがトロンと柔らかくなってきています。

ごく基本的なことですが、白いものと色柄ものは分けて洗います。また、ジーンズなどは裏返しにして洗濯機に入れます。そのほうが傷まないと勝手に思っているのですが、本当はどうなのでしょう……?

アイロンかけは、やりだすとほんの少しのシワも気になってしまい大変です。始めたらシーツなどの大物からハンカチーフなどの小物、シャツや娘の衣類など、ありとあらゆるものにかけ続けてしまい、気がつくと休みなしで3時間くらいアイロンと格闘していたことも。さすがに疲れ果てて貧血を起こし、パートナーは「そんなに集中してやらなくても……」とあきれていました。

洗濯で失敗したケースもありますよ。生まれたばかりの娘のミルクで、エルメスのチャコールグレーのアンサンブルニットが汚れました。いつものように手洗いしたら形がくずれてしまい、「何でも自分で洗えるわけではないのね」と反省。けれども、秘かにその変形ぐあいも楽しんで着ています。それくらい、自分の手で衣類の手入れをし、大切に着ていると愛着が湧くのです。

カシミアのニットは、一般的にカシミア用の洗剤で洗いますが、実はとっておきの秘密兵器があるのです。何だと思いますか。

ベビーシャンプーなのです。赤ちゃんのデリケートな頭髪を洗うシャンプーは、きっと穏やかな成分でできているのでしょう。縮みもなく手ざわりも変わらず、香りもいいです。

畳んでネットに入れ、洗濯機の手洗い機能で優しく洗ってもいいでしょう。脱水はごくゆるくかけ、拡げて陰干しします。仕上げに、薄い布を当てて優しくアイロンかけをすれば、本当にふんわり仕上がって、袖を通したときに気持ちがいいのですよ。

実は、カシミアニットを洗うのにベビーシャンプーを使うアイデアは、彼から教わった方法なのです。もしかすると、フランスでは一般的な知恵なのかしら？

クリーニングはどこへ出す？

高くてもじょうずな店に頼むしかない

日本ではクリーニング屋さんをすぐ見つけることができますが、フランスでは日本のように大きな看板が出ているわけではなく、ファミリーで経営している小さなお店が多いので、見過ごしてしまうかもしれません。実際は街中に、たくさんあります。一本細い道に入ると意外とすぐに見つかるんですよ。私の住んでいるアパルトマンの近くにも、徒歩5分圏内に何軒かあります。

クリーニング屋さんを、フランスではPRESSING《プレッシング》またはTEINTURERIE《タンチュルリー》とかBLAN《ブラン》CHISSERIE《シスリー》といいます。

私がときどき利用するのは、自分たちのお店で洗いからアイロンプレスまですべてやっている小さなお店です。生地がレースのように繊細だったり、ファーがついていたりする衣類をじょうずに洗ってくれるので信頼しています。

さて、仕事は完璧なのですが、驚くのは、料金の高さ。シンプルなカシミアのセーター一枚が30ユーロ（約4000円）くらいすることも。

そのクリーニング店に頼むようになって間もないころ、価格表がないため、後になってびっくりしたことがありました。まとめて冬物を出したら日本円で4万円くらいかかってしまい、呆然としました。それ以来、必ず事前に値段を確認するようにしています。

もちろん、もっと安く頼める大型チェーンのクリーニング屋さんもありますが、知人によれば、あまりおすすめできないとのこと。理由は、服がオイル臭くなって戻ってきたことがあるそうで……。

16区住まい

安全で静かな環境を求めて

２００５年のバルト家の大きなイベントといえば、引っ越し。とはいっても、越した先は同じ16区。前のアパルトマンと1キロメートルと離れていない場所です。

若いカップルには賑やかな活気のある場所が人気ですし、子どもがいるファミリーは保育園や学校の多い地域を選ぶことも多いのですが、私たちはもともと静かな落ち着いた場所を求めていたので、16区に住むことは一致した意見でした。

治安のこともしっかり考えなければなりません。慣れてきたといっても私は外国人ですし、安全に対する意識もまだ不じゅうぶんです。この地域には大使館も多く、アパルトマンの管理人さんたちも不審者にはよ～く目を光らせてくれていますから、パートナーが仕事で不在の日でも安心。

わが家は凱旋門の近くですが、個々の建物は威風堂々とした重厚な造りが多く、イメージは幼いころからなじんだ、実家の経営するお店がある銀座に通じているような気がします。ずっと前に写真で見た、古い銀座の街並みを彷彿とさせるような……。

そうそう、みなさんはご近所に出かけるとき、どんな格好をして行きますか？　私は「何げないけれど、だらしなくない」ようにしています。突然、誰に会うかわからないですし、スーパーであろうとブティックであろうと、お店の人たちの印象もずいぶん違うと思うのです。

他人に無関心そうに見えるパリっ子たち。でも案外、人をよく観察しているんですね。過剰に人目を意識する必要はないけれど、自分自身がのびのび過ごせる格好でいるほうが気持ちいい。これは、一種のマナーともいえるかもしれませんね。

新居のようす

好みの色に壁を塗り替える

パリでは百年前、二百年前の建物もじゅうぶん現役。わが家も19世紀の建物です。古いぶん、天井高があり、窓や壁に施されたレリーフ装飾の美しさが豊かな気持ちにしてくれます。シャンゼリゼまでは歩いて10分の地の利。ベランダはないのですが、窓から見えるエッフェル塔がちょっぴり自慢。以前のアパルトマンより間取りも広くなり、天井は4メートル近くあり、とても開放感があります。

フランスは日本と違い、賃貸のアパルトマンでも住人が好きに手を加えることができます。私たちもキッチンに続く廊下の壁は真っ赤に、日本の応接間にあたるサロンのドアは黒に塗り替え、天井まで届く造りつけの本棚やクローゼットをしつらえました。本が大好きな私たちにとって、図書館のように本で埋め尽くされた大きな本棚は、何より嬉しいスペースです。

外国映画で、主人公が自宅の壁のペンキ塗りをしている場面を見たことがありませんか？最初はあんなふうに自分たちで塗ってみようかとも思ったのですが、とんでもありませんでした。よくよく手順を聞いてみると、とても素人ができるものではありません。新しい色を塗る前に、まずは古い塗装を剥がさなくてはいけないし、絵を掛けてあったビスなどでできた小さな傷はあらかじめ補修しておく必要があります。下準備から完成までほぼ2ヶ月はかかると言われました。ペンキだって、ささっと刷毛で塗れば終了というわけではなく、何度も何度も重ね塗っていかなくてはいけないし……。大変な仕事量なんですね。

入居日が迫っていたために、職人さんたちに無理を言って1ヶ月ちょっとで仕上げてもらいました。全身粉まみれになりながら作業をしてくださった職人さんたちには、感謝の気持ちでいっぱいです。

でも、驚いたのが、これから何年もお付き合いをしていく壁の色を美しく保つために、壁のお手入れをしなければならないのです。よく乾いた、繊維が細かいコットンの布で磨くとツヤが出てくるそうで、時間のあるときには磨くつもりです。

照明は天井からのものはすべて外し、間接照明だけにしました。下からのスポットや壁に向かってほんのりと灯る明かりは、リラックスするには最適。照明に対する感覚は、パリに来てずいぶん変わったように思います。

人を招くことも多いフランスでは、家のインテリアは自己表現のひとつです。車やファッションなど外に向けてアピールするものに重きをおいてしまう日本人とは違うなと、そういうところでも国民性の違いを感じます。

買うか借りるか

家を買うか借りるかはパリでも大きな問題。日本では、結婚を機にご両親から援助を受けて買ってしまうというカップルも多いと聞きましたが、フランスではあまり聞きません。私たちも、今は賃貸でじゅうぶん満足しています。

将来的には購入したいですが、それは私たちの生活スタイルがもう少しはっきりしてきてからでいい。娘が小さいので、仕事も生活も、不確定要素がたくさんあります。いろいろなところに住んでみて、じゅうぶん検討してから自分たちのライフスタイルに合った地区に買えばいいのではないかしら……と考えています。

また、フランスは日本に比べ、ローンが組める期間も短いようで、買う前にしっかり貯金をしておかなければ……。

実は今回の引っ越しは、パートナーが起業したことと大いに関係があります。

東京の家賃や不動産の値段は国際的に見てもトップレベルでしょうけれど、パリも負けてはいません。別に仕事場を構えるほどの贅沢はできないので、当面は彼のオフィスを自宅内に構えることにしました。

以前はオートクチュール・メゾンに携わっていた彼の生活は、大きく変わりました。フランスには「週35時間労働」の法的規準があります。会社員とはいえ、その規準から外れて忙しくしていた彼の生活は、さらに忙しくなりました。とはいえ、娘や私が同じ空間にいることが、彼にとってはとても大切らしいのです。

仕事中に娘が甘えに行かないよう注意はしますが、常にそばに家族がいるのはこんなに心強いものなのかと、私も今の環境を嬉しく思っています。

ある日、ソファに置かれたパートナーのセーターに触れた娘が、彼が高校時代からつけているオードトワレの香りを感じ取って「パパ、パパ」と言った——そんな瞬間にも、ともに過ごす時間が増えて、さらに家族の絆が強まったのだなあと実感しました。

あと2年ぐらいは、職住一体のこうした生活もいいかもしれませんね。

朝ごはんの楽しみ

週末にパンを買うのはパートナー

パン好きの私にとっては、フランスは天国。いたるところにパン屋さんがあり、安くておいしい！　かつて旅行でパリを訪れていたときには、朝・昼・晩と毎回違うカフェやパン屋さんでクロワッサンを食べていました。

パリに住むようになってからは、パン・オ・ショコラに凝り始めました。それとカフェ・オ・レがあればプティ・デジュネ（朝食）はじゅうぶんハッピー。何層にも薄く重なるサクサクしたパンをかじると、指にはバターがついて……。たっぷりのバター、とろける濃厚なチョコレートとのコンビネーションに、何個も食べたくなってしまいます。

焼きたてバゲットに何種類ものコンフィチュール（ジャム）を塗っていただくのも、しあわせ～という感じです。わが家の冷蔵庫にはたいてい7～8種類のコンフィチュールが入っています。ストロベリー、マーマレード、4種類のベリー、フランボワーズ（木いちご）などが定番。

フランス人は、よくコンフィチュールを手作りします。新鮮な果物が安く手に入ったとき、コンフィチュール用にストックするそうです。我が家のコンフィチュールの多くがマミー（フランスでは、おばあちゃんのことをこう呼びます）の手作りということも、珍しくありません。

さて、私たちのお気に入りのパン屋さんは、『Béchu《ベシュ》』（p134）。併設されたサロン・ド・テも綺麗ですよ。伝統的バゲットのコンテストで優勝したことでも知られる名店で、朝はいつも行列ができています。

前のアパルトマンからは私の足で15分くらい、往復すると30分近くかかってしまう距離にありました。歩けないわけではありませんが、毎朝買いに出るのはちょっと……。パートナーが車で買いに行く……それが私たちの週末の朝の始まりでした。

現在のアパルトマンからはBéchuはやはり近くはないのですが、平日は娘と散歩がてら夕食用のパンを買いに行っています。

そして、以前と変わらず、彼が週末の朝のパン買い出し担当です。

旅支度

上質の革のブックカバー

仕事で、プライベートで、一年に何度も飛行機に乗ります。もちろんほとんどは、東京―パリ路線。十数時間の旅をいかに快適に過ごすかは、私にとってはとても重要です。でも、実はこうして旅ができるようになったのは、会社を辞めてから。会社員のときにはまとまったお休みを取ることが難しく、旅行は好きなのになかなか出かけられませんでした。

さて、私の機内での必需品は、ストール、靴下、保湿クリーム、それに本です。いろんな用事に忙殺される日常を過ごしていると、ずっとシートに座って本を読める機内が贅沢な時間になります。一回のフライトで、2～3冊読んでしまったこともありました。そして、本には必ず革のブックカバーをつけて持ち歩きます（p13）。

幼いころを思い出してみると、特に本が好きだったわけではなかったのですが、今は読書が大好き。そのきっかけは、高校生のころに、革のブックカバーをプレゼントされたこと。2つあった黒いカバーのひとつはなくしてしまったのですが、革がほどよく手になじんで、持つたびに嬉しかった。

ですから、ずっと革のブックカバーを探していて、2001年に見つけたときは感激。色は私の大好きな茶系で、ロエベの製品です。あまりに嬉しくて3色購入。その日の気分やバッグの色に合わせて替えています。新しい革のカバーも歳月とともにしなやかさを増して、私の手になじむようになってくれたらいいなぁ。でも、ベージュのカバーは、またまたなくしてしまいました……。

スーツケースが壊された旅も

そして、旅のお供といえば、スーツケース。私は、グローブ・トロッターを愛用しています。イギリス生まれの百年以上の歴史を持つブランドです。p12の写真に写っているのは、いちばん大きいサイズの33インチ。これなら2～3週間の旅行もだいじょうぶ。

他に2つサイズ違いを持っていて、もっと短期の滞在用、機内持ち込み用と、旅の目的に応じて3つを使い分けています。

普通のスーツケースだと、完全に観音開きにしないといけませんが、グローブ・トロッターは上ぶたが立つ箱型なので、スペースの広くないホテルでも大丈夫。箱のように積み上げられるので、室内に置いておくときもそれほど場所を取りません。

2005年夏、バカンスでジャマイカに行ったとき、マイアミを経由したら鍵が壊されていました。鍵をこじあけた「犯人」は米国の税関。米国の出入国はトランクの鍵をかけてはいけないことを、すっかり忘れていたのです。

でも、メーカーに修理に出したら元通り。鍵が壊されたことも、スーツケースの傷も、すべて大切な旅の歴史です。

革のベルト部分が使い込んでいくうちにいい飴色になってきたこのごろ。ますます自分と旅の苦楽をともにした盟友という気がして、いとおしくなりました。

キッチンをのぞけば

台所の必需品

会社に勤めていたときに、朝の番組を担当していたことがあります。朝食抜きは良くないですが、ゆっくり食べる時間もない。そこでほぼ毎日、大きな器いっぱいのプレーンヨーグルトにバナナやりんごやキウイなどを入れて食べてから出かけていました。体に良いことをしようというよりは、単純に好きだからなのですが、結果的にはヘルシーでスピーディな朝ごはんになったのです。

パリに住むようになってからも、ヨーグルトは我が家の冷蔵庫に必ず入っています。フランスは乳製品がおいしい国ですから、スーパーマーケットなどでも、ヨーグルトの種類が豊富。また、どれも味が濃くておいしい！

低脂肪タイプに人気が集まる風潮に逆行するようですが、私はダノンのクリーミータイプ（味もカロリーもリッチ）のヨーグルトが好き！　その他には、プレーンヨーグルトにはちみつを入れて食べています。ちなみに東京にいるときのお気に入りは、アロエ入り。でも、パリではアロエ入りは、ないようです。

さて、もう一つの常備品はいったい何だと思いますか？　オリーブオイルです。しかも容器は5リットルボトル！　一昨年、南仏に行ったときにマルシェで購入。グリーンが美しく、いかにもおいしそうだったのです。南仏滞在中にこのオイルを使ってお料理をしていたのですが、あまりにもおいしいので、さらにもう一つ購入。1年弱で10リットル近いオリーブオイルを消費してしまいました。

業務用みたいなそっけない容器と不似合いなほど、なめらかな風味と豊かな香りが特徴。サラダやパスタなどのシンプルな料理に、たっぷりと使っています。このお店の連絡先もちゃんとひかえてあるので、今使っているものが終わったら、また同じオイルをオーダーするつもりです。

ご存知のように、フランスは美食の国。それは腕利きのシェフたちが贅を尽くした料理を作るからというより、もっと基礎的な、たとえば、こうしたヨーグルトやオリーブオイルなど、キッチンにいつもあるものたちが、丹念に味わい深く作られているからだと思います。

本棚を壁一面に

本好き一家

パリにも古本屋さんや図書館はありますが、私はまだ利用したことがありません。日本の古本を扱う専門の本屋さんもあり、一度のぞいてみたことがあります。かなり古い文学書から漫画まで、狭い店内にびっしりと並んでいました。うまく活用すればいいとは思いながら、好きな本は身近に置いておきたいのです。

パートナーも私も本が好きなせいか、古典も現代文学もそれぞれが買い足し、同じ本を彼はフランス語で、私は日本語で読んで、感想を話し合ったりもよくします。今回の引っ越しもまずは本の整理から始めましたが、積み上がっていくダンボールの数を見て、随分あるなあと驚きました。

少し処分しなくてはと思いながらも、まだ古本屋さんに売る気にはなれず、すべてキープすることにしました。そのために、私たちの寝室の壁一面に天井までの高さの本棚を造ったわけです。

スペースには限界もあるし……、でも、いつかは娘にも日本の本を読んでもらいたいので取っておきたいし……。どうしましょう。

娘には日本語で

娘のNATSUEも今は本に興味があり、彼女の絵本は気に入って購入したヴィンテージの革製スーツケースにまとめてあります。この使い方、我ながら気に入っているんですよ。

出産のときに、日本の友人・知人からたくさん絵本を贈っていただきました。パリでは日本語の絵本をなかなか見つけられないので、とても嬉しかったです。こうして娘の手に届く所に置いていつでも読めるようにしてあるので、遊び飽きるとすぐにこのケースに駆け寄り、読み聞かせてもらおうと本を選んで持ってきます。

このスーツケースにしまってある本は、娘が成長してからも大事に保管しておきたい、という思いが湧き上がります。

ちなみに、娘に対しては徹底して日本語で話しかけている私。フランス語の絵本を読むときは日本語に訳したり、絵の雰囲気から自分でストーリーを考えて日本語で語りかけています。きちんと私の母国語を伝えたいから。

カップルはいつも一緒

どこへ行くのも、ふたり単位

パリにお料理の勉強に来ている日本人女性が「パリってひとりでいるのがとてもさみしくなる街ですよね」と漏らしました。彼女にとっては恋よりも、お料理の腕を上げることのほうが大切。毎日忙しくて、きっとボーイフレンドができても一緒にいる時間がないくらいでしょう。それでも、そう感じてしまうようです。

確かにフランスはカップルで出かける場所やシチュエーションが多いのです。ディナー、ホームパーティ、週末の旅行、さまざまな催し……いずれもふたり単位。

夫婦であればなおさらです。友人たちとのディナーはもちろん、仕事関係の食事やビジネスのためのパーティも、とにかく一緒に出かけます。

日本では一般的に、よほどのことがない限り、男性の仕事の場に女性がついていく習慣はありませんよね。でも、フランス人からすると、夜、接待のために男性だけで食事をしていたり、飲みに行ったりする光景は、とても不思議だそうです。

実際私が結婚してパリに住み始めてからこれまでに一度も、男性だけ、あるいは女性だけで集まったことはありません。いつもみんな、それぞれのパートナーが一緒なのです。

もちろん女性でも男性でも結婚していない人や、パートナーのいない人は、たくさんいますよ。別にそれがいけないことだというわけではなく、何か集まる機会があれば多様な人がワイワイ参加し、楽しんでいます。

ただフランス人たちが集まった席で、「日本では、夫婦で出かける場が意外と少ないの。ビジネスディナーは男性だけですることが多く、奥様は家にいるのよ」なんて話すと、その場にいる人がいっせいに、「どうして?」と目を丸くします。

そういえば、某雑誌で、〝カップル〟をテーマにしたインタビューを受けたことがあります。私たちの暮らしをお話しながら、記者の方から聞かせていただいたフランスや日本のカップル事情、おもしろかったです。そしてお互いの共通認識として導き出した結論は……。世界的に見てもフランスはダントツに、カップル単位の行動が多い社会だ、ということでした。「お互いに仕事が忙しくて、なかなか彼と会えないの」という悩みを抱える日本女性からすると、うらやましい話ですよね。

でも、こんなケースもあります。私の中国人の友人は、かなり年の離れたフランス人男性と交際していました。彼はたぶん、みなさんも名前を知っている一流会社のフランス支社長。毎晩毎晩、高級レストランや自宅でのビジネスディナーがあり、聞いているほうはそこに集まるゲストの顔ぶれや、お料理の豪華さに「いいなあ〜」と思ってしまうのですが……。彼女は恋人の立場にともなう連日のお付き合いが大変で、というよりも、それが原因のひとつで彼の元を離れました。

いつも一緒というのが、こんな結果を招いてしまうなんて……難しいですね。

夜型の社交に対策を

かつて私も、その中国人女性と似たような悩みがありました。

もともと私は夜は外出するよりも、家で静かにしていたいのです。ところがフランスでは結婚前でもさまざまな場にカップルで出席するのは当然で、夫婦となればそれはもう強制に近い義務で、行かないという選択は非常識と思われてしまうくらい。

結婚してからしばらくは、仕事関係のパーティや社交のディナーにがんばって出席していましたが、なにしろパリでは夕食やパーティの開始が21時以降、そして食事の開始が22時過ぎで、さらにはデザートタイムの始まりが24時過ぎなんていう夜型の生活が普通なのです。度重なると、つらくなってきます。言葉の壁もありますし、何よりも体力が違うのでしょうか。食事の終わりごろには、頭がボーッとして眠くなってしまいます。

外出するのがしんどいと思ってしまうのは、私たちにとっても良い傾向ではありません。そこで、パートナーに相談をして率直に話し合った結果、3～4回に1回、または体調のすぐれないときは、私は招待などをキャンセルすることにしました。身心に鞭打って出かけても、不機嫌な顔を見せてはかえって失礼ですし、そのうち外出が嫌いになってしまうかもしれない。そう打ち明けると、彼はきちんと理解してくれました。

ようやく私はひと安心。でも、大変だったのはパートナー。

「エリコはパリにいるのに、どうして来られないの？」などと必ずたずねられます。

「疲れているから……」では納得してもらえないので、返事をいろいろと工夫していたようです。夫婦で招待されているのに、奥さんが来ていないと「何かあったの？」と心配されることもあるようですから……。

というわけで私なりの対策を考え、ホームパーティの席で眠くてたまらないときは無理せず、「休ませてください」と頼み、ソファで30分くらい眠って復活する、ということもできるようになりました。

パリのレストラン

美酒美食と社交の場

パリの生活では、レストランはかなり重要な場所でしょう。特別なレストランではなく、近所のブラッスリーで軽く食事をするだけでも、パートナーと出かけることで、お店に着くまでの道のりは大切な時間です。

きょうの出来事を話し合ったり、出かける前に鏡の前で服のトーンを合わせてみたり……。そんなちょっとした行動が、カップルのコミュニケーションに厚みを加えたりするのでしょうね。もちろん、おいしいものをともに味わい、やがて「あの店でこんなブイヤベースを食べたね」と懐かしく語り合うことも、カップルの歴史に刻まれていきます。

パリはふたり単位で行動する街だと書きましたが、もし何組かのカップルで食事に行ったら、席順を決めるときにちょっとおもしろい習慣があります。フランスではテーブルの座り方に決まりごとがあり、結婚していないカップルは隣同士に座らせてもらえるのですが、結婚したふたりはバラバラに離されてしまうのです。結婚前は、横で私のあやしいフランス語をフォローしてくれていたパートナーですが、今はいつも離れた席に座らなくてはいけません。それも、10人掛けの丸テーブルに着く場合は、私の正面に彼が座ることも。広い部屋でのパーティの席では、テーブルが別々だったときもあります。彼と遠くて話ができないとなると、横にいる人と何としても話をしなければならないわけで、ずいぶん鍛えられました。でも、結婚したての時期は、とても心細かったですよ。

また、どんなシチュエーションでも、必ず男女が交互に座ります。テーブルに着いたら、「私はシャイで人見知りだから」などと言っていられません。さらに、彼らからしたら私は外国人ですから、必ず私に国際的な視点での意見を求めてきます。意見が言えないなんてフランスでは「ありえないこと」ですから、ふだんから多角的にものごとを考えるようになりました。ひとつの答えを導き出すためではなく、それぞれが言いたいことを言い合っているのです。フランス人の大議論の中に入っていくのは大変ですが、自分の意見を言うのは理解し合うチャンスでもあります。

パリにおいてレストランは、美酒美食を楽しむ場であると同時に、人々が大いに語り合い、カップルとしての愛情や信頼、あるいは仲間たちとの友情を育て、自分を磨いていく場なのではないかとも思えるのです。

Mon《モン》 Paris《パリ》（私のパリ）

ずいぶん前からパリが好きでしたが、生活を始めて、さらにパリの魅力にじわじわと引きつけられています。街のいたるところに歴史と文化の薫りが漂い、もっと自分を高めたいという意欲をかきたてられます。また、住んでいるからこそ、パリは表通りの華やかさだけが魅力ではないと実感できました。そんな街のすばらしさを、みなさんにもおすそわけできたらと思います。この本を、新たなパリの顔を知るきっかけにしていただけたら、嬉しいです。なお、第3章・ガイド編には掲載していないレストラン3軒の情報を、ここに書いておきますね。いずれもパリらしいお店です。

まずは週末のランチに友達と集まる、気楽なカフェ・コンスタン。黒板に手書きしたフランス語のメニューだけで文字が読みにくいけれど（私も苦労しています）、まわりのお皿を見たり、電子辞書で単語を調べたりすれば、なんとか注文できるでしょう。もう一軒のフレンチ・レストランはブローニュの森の湖に浮かぶ島のル・シャレ・デ・ズィル。ここのお庭にいる孔雀の機嫌が良いときは、娘と一緒に遊んでくれます。落ち着いた店内でヘルシーな献立が供されるレバノン料理も、ぜひお試しを。

Le Café Constant（ル・カフェ・コンスタン）
139, rue Saint-Dominique, 75007 Paris　TEL：01 47 53 73 34
Métro（地下鉄）：Ecole Militaire

Le Chalet des Iles（ル・シャレ・デ・ズィル）
Lac Inférieur du Bois de Boulogne - Porte de la Muette, 75016 Paris
TEL：01 42 88 04 69, FAX：01 42 88 84 09
M：Rue de la Pompe, RER（電車）：Avenue Henri Martin
http://www.lechaletdesiles.net/

Fakhr El Dine（ファクル・エル・ディヌ）
30, rue de Longchamp, 75016 Paris
TEL：01 47 27 90 00 / 01 53 70 01 80, FAX：01 53 70 01 81
M：Trocadéro
http://www.fakhreldine.com/
支店：3, rue Quentin Bauchart, 75008 Paris　TEL：01 47 23 44 42 / 01 47 23 74 24

あとがき

『エリコ・パリ・スタイル』、最後まで読んでくださってありがとうございました。

2004年夏から毎週、ブログで私のファッションについて語るようになり、現在はパリでの生活や恋愛観を中心に書いています。が、正直、何を書こう？　と焦ってしまう日もしょっちゅうです。

それでも書き続けてきたものがこうして形になると、なんとも言えず嬉しく、「もっともっと違う視点で、おもしろい内容を発信していきたい！」と、欲張りになっている私もいます。

私にとってのファッションやおしゃれは、自己満足に近い喜びなのです。私だけの、ささやかな楽しみ……。他の誰かと比較することでもないし、人とまったく違っていてもいい。

朝、新鮮なコーディネートができると、「今日はたくさんの人に会わないかなあ」なんて心がウキウキ弾んできます。衣食住は日常に密着し、生きている限り続いていくことだからこそ、大切にしていきたいと思うのです。とはいえ、Tシャツ短パンでダラダラしてしまうときもありますが……。

この本をまとめる仕事は、パリでの日々の暮らしをふりかえる機会にもなりました。住み始めて5年になるんですねえ、自分でも驚きます。よちよち歩きの赤ん坊だった私が、ようやく幼稚園に入った、という感じでしょうか。今なお、フランス人にとっては当たり前の習慣が、私にとっては？マークのオンパレード。でも、この年齢になって発見がいっぱいあるなんて幸せ！　と思っています。

パリならではの素敵な場所や人との出会いも、生活を豊かにしてくれます。行動範囲が広がるにつれ、少しずつ好きなブティックやレストランが増えてきました。私の厳選したガイドも、活用してくださいね。

最後になりましたが、限られた時間の中で、この本の準備を進めることになり、多くの方に手伝っていただきました。ガイド部分のコーディネートをしてくださった荒木文夫さん、フォトグラファーの松永学さん、おしゃれと暮らしについての膨大な量の原稿をまとめてくださった三浦天紗子さん、そして、マガジンハウス書籍出版部の桂真菜さんに感謝いたします。

また、書籍化の提案をしてくださったＮＴＴコミュニケーションズ(株)、ＯＣＮのサイト、JuicyStyleのスタッフの皆様にも、心からお礼を申し上げます。

第3章　ガイド編

お気に入りの店リスト

厳選した22軒を紹介します。ブティック11軒（店番号1〜11）と飲食関連の11軒（店番号12〜22）、大好きなところばかりです。お店のリストの後は、ガイドと地図を効果的に使うコツ、各店の詳細、最後に地図と続きます。素敵な旅のお供になりますように！

★パリ市は20区に分かれています。略図がp156にあるので所在地の参考にしてください。

店番号	店名	ジャンル	ガイド掲載頁	地図掲載頁	所在地（別店舗）	エッセイ掲載頁	ウェブサイト
1	Komplex コンプレックス	マルチブランド・ショップ	p113	p159 G	16区	p31	—
2	Jil Sander ジル・サンダー	総合ブランド	p114	p157 A	8区	p24、31他	○
3	Mona モナ	セレクトショップ	p116	p158 C	6区	p71	—
4	Jimmy Choo ジミー・チュウ	靴	p118	p157 A	8区	p71	○
5	Renaud Pellegrino ルノー・ペルグリーノ	バッグ	p120	p158 B	8区 （7区）	—	○
6	Le Bon Marché, Espace Lingerie ル・ボン・マルシェ、エスパス・ランジュリ	ランジェリー	p122	p158 C	7区	p57	○
7	Ovale オヴァル	ベビー用品	p124	p158 C	7区 （8区）	—	○
8	Woch Dom ウォシュ・ドム	ヴィンテージショップ	p126	p159 D	9区	—	—
9	Eric Bompard エリック・ボンパール	カシミア	p128	p158 B	8区 （多数）	p59	○

10	Editions de Parfums - Frédéric Malle エディション・ドゥ・パルファン、フレデリック・マル	香水	p130	p158 C	7区 (1区 16区)	—	○
11	Sentou サントゥ	インテリア&雑貨	p132	p158 C	7区 (4区 3軒)	—	○
12	Béchu ベシュ	パン屋	p134	p159 G	16区	p92	—
13	A Priori Thé ア・プリオリ・テ	サロン・ド・テ	p136	p158 B	2区	p51	—
14	Patrick Roger パトリック・ロジェ	ショコラティエ	p138	p158 C	6区	—	○
15	L'Astrance ラストランス	レストラン フレンチ	p140	p159 G	16区	—	—
16	Le Kiosque ル・キオスク	レストラン フレンチ	p142	p159 G	16区	—	—
17	Le Café d'Angel ル・カフェ・ダンジェル	レストラン フレンチ	p144	p157 A	17区	—	—
18	La Cagouille ラ・カグーユ	レストラン フレンチ 魚介類	p146	p159 E	14区	—	○
19	Savy サヴィ	レストラン フレンチ 肉料理	p148	p157 A	8区	p39	—
20	Le Cinq ル・サンク	レストラン フレンチ	p150	p157 A	8区	—	○
21	Kim Anh キム・アン	レストラン ヴェトナム料理	p152	p159 F	15区	—	—
22	Hôtel Raphael, Le Bar Anglais du Raphael オテル・ラファエル、ル・バール・アングレ・デュ・ラファエル	ホテルのバー	p154	p157 A	16区	p39	○

ガイドと地図を効果的に使うために

●店名の下に住所、電話番号、営業時間、休日、Ⓜ＝メトロ（最寄りの地下鉄駅）、ウェブサイトのアドレス（ある場合のみ）、別店舗の住所（パリ市内にある場合）などの情報をまとめました。ブティックの品ぞろえ、レストランのメニューや価格なども含めて、データはすべて2005年末のものですから、変更される場合があります。

●パリ市は20区に分かれています。略図がp156にあるので、位置関係の参考にしてください。各店の住所の750XXという数字は郵便番号で、右2桁の数字が区を示します。75008なら8区というわけです。16区は75016に加えて75116の地域があります。

●お店（特にレストラン）によっては、7月や8月（多くは8月）に2～4週間の夏休みをとります。また元日をはさんで3日～1週間程度、お休みの場合も。また祝日は、休業したりしなかったりとまちまちなので、確認してから出かけましょう。

●住所と地図があれば、街なかでお店を探すのは簡単。通りの端っこの壁には、必ず通りの名前を記したプレートがあります。また、名前に「faubourg」が入っている一部の通りを例外として、偶数番地と奇数番地はほぼ対面に位置しています。

●ごくまれですが、観光客を狙うレストランなどで、過剰請求される危険があります。特にカードで支払う際は、レシートの明細をよくチェックしましょう。

●チップは気持ちの表現なので、置く義務はありません。サービスに満足したら置けばいいし、逆のケースは、それを伝えるために、置かなくてもいいのです。高級レストランになるほど、置くのが慣例とされます。目安としてはお勘定の5～10%程度。なお、勘定書きにservice comprisとあれば、チップは含まれています。

●お店に入るときに、「ボンジュール」「ボンソワール」、出るときに、「オルヴォワール」「メルシー」と挨拶すると、スタッフに好印象を与えます。
ブティックで、「Can I help you ?」と聞かれて、アドバイスなどを必要としない場合に、「ノン、メルシー」と言うのは誤りではありません。が、いきなり「ノン」と言うよりは、「メルシー。メ、サヴァ（ありがとう。でも大丈夫）」などと応じるほうが好まれます。

マルチブランド・ショップ

Komplex

コンプレックス［地図p159 G］

住 118, rue de Longchamp, 75116 Paris
電 01 44 05 38 33
営 10:00-19:00
休 日曜
M Rue de la Pompe

ジーンズの充実した品ぞろえも、パリジェンヌに人気。

『コンプレックス』は、モーリス・レノマの愛娘ステファニーとパートナーのアントナンが開いた、ヴィクトル・ユゴー大通り近くの“マルチブランド・ショップ”。

「女性の、捉えどころがなく、コンプレックス（複雑多様）なところが好き」というステファニーがつけた店名のとおり、スタイルの異なる世界中のブランドから服や靴、バッグ、ランジェリー、アクセサリーを集めて、女性の「多面性」を刺激します。

商品は、オリジナル・ブランドのNi-Search《ニサーチ》を中心に、ジョンリッチモンド、シェアスピリット、トラスト・トワレット、モンタギュなど、20を超えるブランドからのセレクション。特に、体の曲線を強調するフェミニンなワンピースやトップは、ステファニー自身の好みでもあるので、ラインナップが充実しています。

また、パリでも有数の品ぞろえを誇るジーンズのコーナーも見逃せません。ブランド数ではなんと15にものぼり、それぞれ7種類前後のモデルがあるんです！　ブルーカルト、ペーパーデニム、コルレオーネやツビなど、ジーンズ通の“御用達”ブランドはもちろんのこと、ペイジ・プレミアム・デニムなど、フランスではまだここでしか買えない注目の新進ブランドも先駆けて入荷しています。

1

2

3

1. 常時100種類ものモデルが並ぶジーンズのコーナー。新商品も毎月のように入荷。2. 香港発、Hidy《ハイディ》 NG《エヌジー》 のトップ375 €とストール260 €。ジーンズはコルレオーネ205 €。ブレイクしそうな新顔のブランドをいち早く入荷するのも、若い女性たちに人気の理由。3. ジーンズはもちろん裾直しもスピーディ。当日か翌日にはできあがるそう。

2

1

4

8

7

3

9

5

6

総合ブランド
Jil Sander
ジル・サンダー［地図p157 A］

住 52, avenue Montaigne, 75008 Paris
電 01 44 95 06 70
営 10:00-19:00
休 日曜
M Franklin D. Roosevelt
http://www.jilsander.com/

シンプルで都会的なニットや革製品が、着る人の個性を輝かす。

装飾性を排したミニマリズムが魅力の『ジル・サンダー』。「禁欲的」とさえ表現されるデザインは、抑制の利いた色使いと、直線的なカッティングが魅力。クールなシルエットは、アクティブな現代女性たちの絶大な支持を得ています。

モンテーニュ大通りのブティックは地上３階、地下１階の広々としたスペース。最上階がメンズフロアで、あとはすべてレディースです。

最近の傾向として、ジル・サンダー定番の黒・白・茶などベーシックな色の服はもちろん、明るめのラズベリーやパープル、水色といったパステル調もよく売れているそう。アイテムでいえば、カシミア製の薄手のセーターが好評。「季節を問わず着られるからいい」と喜んで買っていく女性が増えています。

他には、すっきりした衿のラインが美しいコットンのブラウスや、白や黒のシルクドレスが相変わらずの人気。特に、ストレートなフォルムが際立つドレスは、ちょっとしたカクテル・パーティなどにもってこい。ワンポイントでリボンやベルトを組み合わせると、成熟した中にも可愛らしさを強調できます。

デビュー時から素材の品質や縫製技術に定評のあるブランドですが、生地のさわり心地や身につけたときのフィット感に、着れば着るほど愛着が増します。長く付き合えるデザインのため、毎年、少しずつコレクションを増やしていっても決して「もう使えない」ものが出てきません。そこも、嬉しいところです。

ジル本人は2004年末にふたたびデザインから退いてしまいましたが、翌年にはベルギー人のラフ・シモンズがクリエイティブ・ディレクターに就任しました。先鋭的なデザインで“不良っぽさ”を演出してきた彼が、今後、ジル・サンダーのミニマリズムとピュアなイメージをどう守り、どう変えていくのか、注目しましょう。

1. 快適な広々した店内。2. 薄手の革のジャケットは、春や秋の肌寒い夕べなどにも重宝1490€。3. 袖なしのセーターはカシミア70%で夏も快適430€。4. こちらはカシミア100%で人気のラズベリー色475€。5. 白のタートルネック825€。6. 長袖Vネック530€。7. シルクのカクテルドレス1050€。ベルトは76€。8. コットンブラウス415€。ウールのセーター495€。9. おそろいのクリーム色のバッグ520€とサンダル250€。

1

2

3

4

5

セレクトショップ

Mona

モナ［地図p158 C］

住 17, rue Bonaparte, 75006 Paris
電 01 44 07 07 27
営 11:00-13:30、14:30-19:00
休 日曜
M St-Germain-des-Prés

モード・ジャーナリストたちが脱帽する、店主のセンス。

数あるセレクトショップのなかでも抜群のセンスで、モデルやエディター、DJなど、ファッションにうるさい業界人たちに人気の『モナ』。

服やバッグ、アクセサリーなどをトータルにあつかっていますが、オーナーのモナがもともと靴のショップでバイヤーをしていたこともあり、かっこいい靴のラインナップではどこにも負けません。

ところで、セレクトショップはふつうブランド街に店舗をかまえたがるというのに、モナはあえて左岸のポツリと離れた場所を選び、しかも看板のないお店をプロデュース。その理由は――。

「もしサントノレ通りにショップを開いたとしたら、近隣の超有名ブランドのイメージに縛られてしまうでしょ？　でも、モナは商品を、まさにブランドの固定イメージや先入観から解き放つためのスペースにしたかったんです」

そんな"自由"を愛するエスプリが、多彩なブランドのセレクションにも反映しています。質量ともに充実の靴はさすがで、ピエール・アルディ、アズディン・アライア、ボッテガ・ヴェネタ、ミッソーニ、ロドルフ・ムニュディエ、ヴィヴィアン・ウエストウッドなどがズラリ。服もザック・ポーゼンなどの新顔から、マーク・ジェイコブス、クロエ、マックイーン、ランバンといったエスタブリッシュまで幅広く。

また、本家のショップが「デザインはすばらしいが、ブランドのイメージと違う」という理由で店頭販売を断念したアイテムなど、結果的にモナにしか置いていない掘り出しものも少なくありません。ある日、ショーウィンドーのドレスに惹かれて入店したモード関係者が、ブランド名を聞いて「本当にこれが、あそこのもの？」と目を丸くしたというエピソードもあるくらいなんです。

1. ファッションショーのランウェイをイメージしたという店内。2. 所狭しと並ぶ靴のセレクションには、熱狂的なファンも多い。3.「今後もマネキンをどんどん増やして、もっと"組み合わせの自由"を提案したいと思っています」4. モナの"常連"ブランドのひとつ、ピエール・アルディのハイヒール。ダークブルー415€。5. 本家ショップでは手に入らないという、ボッテガ・ヴェネタのジャケット。ダークブラウン1590€。

2

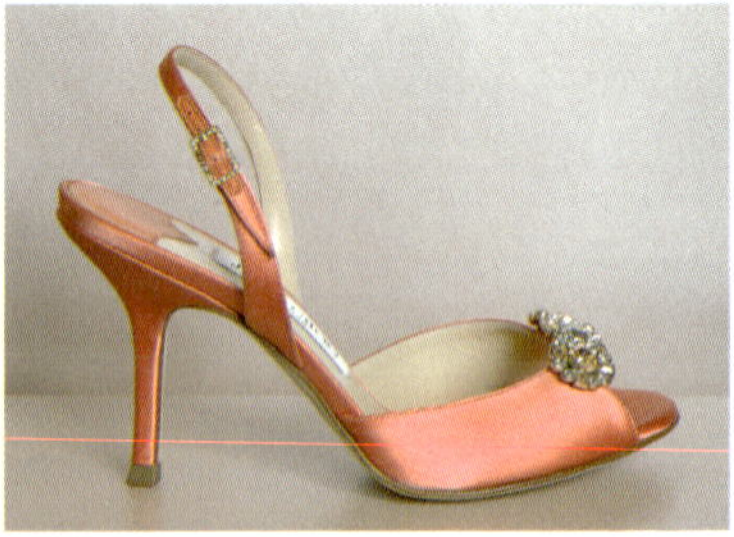

1

4

3

8

5

6

7

9

靴

Jimmy Choo

ジミー・チュウ［地図p157 A］

住 34, avenue Montaigne, 75008 Paris
電 01 47 23 03 39
営 10:00-19:00
休 日曜
M Franklin D. Roosevelt
http://www.jimmychoo.com/

映画界のセレブリティにも熱愛される、宝石みたいな靴。

「どんな服を着ていても、美しい靴とバッグさえ身につけていれば、女性はかならず素敵に見える」がキャッチフレーズの、『ジミー・チュウ』。UKヴォーグでアクセサリー部門を担当していた創業者のタマラ・メロンと、クリエイティブ・ディレクターのサンドラ・チョイがプロデュースする、ロンドン発のブランドです。

1996年の創業以来、フランスでは長らくセレクトショップでしか買えなかったジミー・チュウですが、ロンドン、ニューヨーク、ビバリーヒルズ、ラスベガスに次いで、ついにパリのモンテーニュ大通りに直営店をオープン。

ショップは小さいながらも、狭苦しさをまったく感じさせません。1940年代に流行した女性の私室を再現するために、わざと古みを帯びさせた木棚や、革のソファ、クリスタルのシャンデリアなどを特別にあつらえたのだそうです。

ジミー・チュウの靴の特徴は、これ以上ないくらいフェミニンな全体のシルエットと、それを細部で表現するなめらかなカーブ。そこに、大胆でも決して行きすぎないカラーリングと、ムラーノグラスを用いたジュエリーのデコレーションが、ときにはグラマラスな、ときにはキュートなタッチを加えます。

華やかなサンダルとハイヒールは、多くのハリウッドスターのお気に入りとしても有名。シャーリーズ・セロン、シャロン・ストーン、ハル・ベリー、ケイト・ブランシェット、エリザベス・ハーレー、ジュリア・ロバーツ、キャサリン・ゼタ=ジョーンズといったそうそうたる女優たちが、アカデミー賞やカンヌ映画祭の赤絨毯の晴れ舞台に、ジミー・チュウの靴を履いて登場しました。

1. フォルムとカラーの組み合わせが絶妙なサランシューズ550€。2. 売れ筋のスタンダードモデル350€。このタイプもそうですが、同じ形で3種類のヒールの高さが選べる場合もあります。3. 特大ムラーノグラスのビジューが輝く、茶のハイヒール。まるで「履く宝石」。紫もあり750€。4. フェミニンな美しさを追求したデザインが特徴720€。5. 人気のシルバーのサンダル550€。6. こちらはゴールド。ヒールのあるタイプも440€。7. ベストセラーのハンドバッグ1150€。8. ドレッシーな靴がメインですが、カジュアルな装いにも映える。9. 本当に種類が豊富で、シーズンごとに次々と新作が加わります。

1

2

4

3

5

バッグ

Renaud Pellegrino

ルノー・ペルグリーノ［地図p158 B］

住 14, rue du Faubourg Saint-Honoré, 75008 Paris
電 01 42 65 35 52
営 10:00-19:00
休 日曜、祝日
M Madeleine / Concorde
http://renaudpellegrino.com/
別店舗（左岸、こちらは靴もあり）
住 8, rue du Commaille, 75007 Paris
電 01 45 48 36 30

使いやすく色調も美しいバッグは、内側まで丹念に手作り

帽子やギターの形をしたハンドバッグなど、斬新なフォルムと、カラフルな色使いがトレードマークの『ルノー・ペルグリーノ』。イヴ・サン・ローランを独立してから20年余、「同じものは二度作らない」がモットーの“ハンドバッグの魔術師”には、カトリーヌ・ドヌーヴをはじめ熱狂的なファンも多いんです。

とりわけ、バッグの内側まで完璧にコーディネートされた色彩感覚には、感心するばかり。特に明るめのトーンの清々しさは、「洗練された」という言葉がピッタリで、ため息が出ます。彼はカンヌ出身。ピカソやマチスも愛した南仏コートダジュールの陽光の下で育った、ということも影響しているのかもしれません。

ペルグリーノのバッグというと、とかくデザイン優先に見られがち。でも実は、使いやすさにも同じくらいアイデアを駆使しているんです。「流行が去ったら使えなくなってしまうような極端なバッグは好みません。ハンドバッグは日用品である以上、使いやすさが第一ですから」とペルグリーノ。

機能性を追求した結果、長年にわたって採用しているのが、細く短い持ち手。持ちやすいだけでなく、肩にかけて後ろに回したときにも、肩甲骨でバッグの重心をしっかり支えられるため、体のバランスとシルエットを崩さないんです。

もうひとつこだわっているのは、日常的に触れる機会の多い、バッグ本体やポケットの内側の質感。なめらかでさわり心地がよく、手指になじみます。

あらゆる素材を用いてきたペルグリーノですが、カーフスキンのような、「軽い、柔かい、肌ざわりがいい」の三拍子そろったものがお気に入りだそう。品質管理を徹底するために、刺繍以外の全工程をパリのアトリエでおこなっています。

1.2006年春夏コレクション。サントノレ店はこの春に改装。近年、生産を始めた靴もディスプレイする予定。2. 同コレクションの《ダイノ・ミュルチコロール》シリーズから《シェイエンヌ》700€。メタリックカラーの使用が今シーズンの特徴。3. こちらはヘビ皮がアクセント870€。4. ジュエリーつきのポーチは大ロングセラー490€。5. スタンダードな形でベストセラーのバッグも、カラーや素材を変えてシーズンごとに新作を発表。手前は640€、奥は750€。

2

1

3

6

5

4

8

7

ランジェリー

Le Bon Marché, Espace Lingerie

ル・ボン・マルシェ　エスパス・ランジュリ［地図p158 C］

住 24, rue de Sèvres, 75007 Paris
（2階、ランジェリー売場）
電 01 44 39 80 00
営 月火水金　9:30-19:00
土　9:30-20:00
木　10:00-21:00
休 日曜
M Sèvres Babylone
http://www.lebonmarche.fr/

刺繍、レース……贅沢でセクシーな下着を心ゆくまで選べる。

セーヌ左岸の高級デパートといえば、『ル・ボン・マルシェ』。「おいしい食材がなんでもそろう」と評判の食料品フロアも魅力ですが、ランジェリーコーナーも幅広い品ぞろえと的確なチョイスで、まったく引けをとりません。

ランジェリーコーナーは、東棟の2階（フランスでは2階を“1階”と呼ぶので注意!）にあります。広々とした売り場には、常時40近いランジェリーブランドが出品。ラ・ペルラやエレス、オーバドゥ、シモーヌ・ペレールといった老舗の下着メーカーだけでなく、marlies dekkers《マリー・デッカーズ》のように、まだフランスではここでしか買えない新進ブランドまでもカバー。またヴァネッサ・ブルーノやポールアンドジョー、ラクロワ、ガリアーノなどデザイナーズものには特に力を入れていて、新商品の入荷がパリのどこのデパートやランジェリーショップよりも早いと評判です。

ル・ボン・マルシェは、どの売り場も比較的スペースが大きくとってあって、商品の配置がとても見やすいのも便利です。この下着売り場でも、パッと見てどこに何があるのかわかるように、あえてアイテムの数を制限して、ディスプレイをスッキリさせているのだそう。おかげでゆったりとした気分で買い物に集中できます。

そしてフィッティングルームの快適さも、このデパートならではです。入り口にアドバイザーが常駐していて、その奥にはなんと23もの個室が。これなら、下着を抱えたまま試着室の前で列をつくるといった心配もありません。個室にはインターフォンが備えつけられているので、試着したままアドバイザーを呼んで、サイズやお直しの相談をすることができる。まさに至れり尽くせりです。

1.試着室の内装に、花のモチーフ。お直しは8〜20€で、24時間でできあがります。2.世界最古のデパート、ル・ボン・マルシェ。ゆったりした館内は居心地がいい。3. プリンセスタムタムの刺繍入りチュール。フェミニンなデザインが人気。トップが31€、ショーツが25€。4〜6. シモーヌ・ペレールのブラ70€、ショーツ65€。上下ともに、3種類のフォルムから選べます。7. エレスのヒット商品は、シルクにカレ名産のレースをあしらったタイプ。ブラが190€、ショーツが115€。8. ラ・ペルラの刺繍入りチュール。ブラが112€、タンガが40€。黒のタイプもあり。

2

1

3

4

6

5

ベビー用品

Ovale

オヴァル［地図p158 C］

住 200, boulevard Saint-Germain, 75007 Paris
電 01 53 63 31 11
営 10:30-19:00
休 日曜
M St-Germain-des-Prés
http://www.ovale.com/
別店舗（右岸、2006年4月にオープン予定）
住 21, rue Marbeuf, 75008 Paris

シックなベビー服、ふわふわの熊、プレゼント用グッズも豊富。

パリはベビー服や子ども服の宝庫で、とにかくチョイスが豊富です。凝ったデザインのものも少なくなくて、「これ、大人用はないのかなあ……?」と子どもがうらやましくなるくらい、うっとりするような衣服を見かけることもしばしば。

サンジェルマン・デ・プレのシンボル、カフェ・ドゥマゴやカフェ・ドゥ・フロールから歩いて5分ほどのところに、1歳児までの高級ベビー服のショップ『オヴァル』はあります。新しいブランドに目ざとい、パリの若いカップルに大人気なんです。

とにかく、そのベビー服のかわいいことといったら! 白・ベージュ・ブラウンの純粋で無垢なイメージが、赤ちゃんの存在をふわりと包み込みます。素材はもちろん最高級の天然ものにかぎり、コットンやウール、カシミアを使用。

嬉しいのは、デザインの完成度もさることながら、実用的なアイデア商品も多いこと。たとえばニット帽とマフラーがくっついた、その名も「帽子マフラー」は、「落としたり、紛失してしまうのを防げるように」という工夫から生まれました。

また、衣料ばかりでなくガラガラなどのグッズもあり、さらにはこれからママになる女性にプレゼントするための、シルバーのアクセサリー類もたくさん。デザイナーのジル・ヌヴーいわく、「オヴァルはただのベビー服の店じゃなくて、むしろ赤ちゃんの誕生を祝う大人たちのためのコンセプトストアですね」。

ジルは、もともとディオールでフェレのアシスタントを務め、のちにウェディング・ドレスのデザイナーとして名をはせた人。そんな彼がオヴァルをオープンしたのは、「生命が誕生することの素晴らしさに惹かれて」。楕円形を意味する「オヴァル」は、生命の源である「卵」を表すと同時に、丸くふくらんだお母さんのおなかへの、オマージュでもあるそうです。

1. 抱きしめたい! 「ねむりグマ」は65〜150cmの3サイズ245〜687€。2. 衣類の多くがユニセックス。帽子48€、カーディガン117€、シャツ78€、つなぎのズボン89€、靴下36€。3. カーディガン114€、ワンピース84€、シャツ78€。4. シルバー製の“ガラガラ”115€。グッズの多くはネームが入れられます。5. 楕円（オヴァル）をモチーフにしたジュエリーが多い。6. デザイナーのジル・ヌヴー。お客さんの30%は男性だとか。

1

2

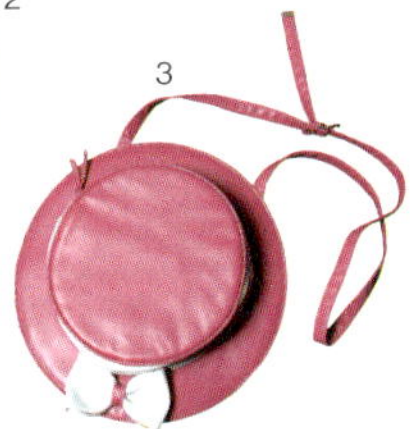

3

4

5

ヴィンテージショップ

Woch Dom

ウォシュ･ドム［地図p159 D］

住 72, rue Condorcet, 75009 Paris
電 01 53 21 09 72
営 12:00-14:00、16:00-20:00
休 日曜
Ⓜ Pigalle / Anvers

20〜80年代の流行ものをリーズナブルに。保存状態も抜群。

映画『アメリ』で一躍人気を集めた“下町”モンマルトル。ライヴハウスなど夜遊びスポットに若者が集まるエリアですが、近年、地下鉄のアベス駅あたりを中心にセレクトショップや古着屋さんなどが増え、今やマレ地区にせまる人気です。

アベス駅からだいぶ丘を下ったところに、ヴィンテージショップ『ウォシュ・ドム』があります。やや見つけにくい場所なので、地図をお忘れなく!

店名のWoch Domは「Show」と「Mode」を逆さにした造語。そこには「誰もがそれぞれのスタイルを発見し、自由に表現してほしい」という若きオーナー、ルディ･コーエンの思いが込められています。

店内に並ぶ、主に1920〜80年代のアイテムは、すべてルディ自身が世界中を飛び回って集めてきたもの。ランバンやエルメスなど有名ブランドのヴィンテージから、ノンブランドものまで、膨大な数のストックを誇ります。商品の回転がとても速いので、気に入ったものを見つけたら、迷わずその場で購入するのがコツ!　商品はどれも状態がよく、またクリーニング済みです。

顧客にショービジネスの業界人が多く、ジョン･ガリアーノのようなデザイナーや、ザ･ホワイト・ストライプスのようなミュージシャンなど、最先端を走る人たちが名を連ねます。一方では下町らしく、通りすがりで何げなく入店した70歳くらいのおばあちゃんが、若いときにはやったコートを見つけて喜んで買っていく、といった姿も見られます。

店内には昔のレコードや雑誌も売っているほか、真向かいには、バッグや靴、アクセサリーを専門にあつかった姉妹店もありますから、こちらも要チェック!

1. 決して広くないスペースながら、レディースのコートだけでもこの品ぞろえ。「アレもコレも」と試着するうち、タイムスリップできそう。2. レトロだけど、今の服にも似合いそう80€。3. 帽子形の革のハンドバッグは、50〜60年代の、アメリカ西海岸の流行もの。オーナーのルディが推す「ウォシュ・ドムのエスプリを体現している商品」のひとつ。4. スタッフのナビラ。さすが、型にはまらないファッションがかっこいい! 5.60年代のマントはどれも120€前後と、値段もリーズナブル。

1

3

4

2

カシミア

Eric Bompard

エリック・ボンパール［地図p158 B］

住 22, rue Boissy d'Anglas, 75008 Paris
電 01 42 68 32 16
営 10:30-19:00（月は14:00-19:00）
休 日曜
M Madeleine / Concorde
http://www.eric-bompard.com/
（パリ市内に多数店舗あり）

至福の肌ざわり、色彩のバリエーション——カシミアに陶酔。

カシミアといえばスコットランド製で、軽くて、暖かくて、肌ざわりも最高なんだけど、あれこれそろえるには値段がちょっと……。そんなイメージは、もう過去のもの。

スコットランド産と同じくらい上質で、より廉価なモンゴル産のカシミアに目をつけたのが、フランス人のエリック・ボンパールです。「カシミアを“大衆化”した」と賞賛される彼のブランドは、今やフランスではカシミアの代名詞。

とにかく、一度セーターやショールを手に取ってみてください。そのふんわりとした肌ざわりの気持ちいいこと！　カシミアというと寒い冬場にしか着られないようなイメージがありますが、春や秋の肌寒い夜などにも、薄くて軽いカーディガンやセーターは羽織りものとして重宝します。また、ここではカシミアが70%、残りがシルクかコットンの、夏向けの“涼しい”生地も作っているんです。

デザインとカラーの選択肢が多いのも、『エリック・ボンパール』に惹かれる大きな理由。40種類にもおよぶ色調が選べて、一年を通じて、男女用合わせて延べ150～250種類のモデルが店頭に並びます。セーターやカーディガン、マフラー、ショールはもちろん、手袋、ニット帽、靴下など小物も勢ぞろい。だから、自分のものだけでなく、家族や友人へのちょっとしたプレゼントを探すこともできます。また、2005年から子ども服（8歳児まで）のラインも充実してきましたから、こちらも今後の展開が大いに楽しみ。

売れ行きが一番いい商品といったら、やはりベーシックなV字ネックのセーターだそう。全体的に飽きのこないデザインの商品が多く、一度買ったら長年愛用できるものばかり。残念ながら、日本にはまだ店舗のないエリック・ボンパールですが、インターネットや郵便で通信販売もおこなっています。

1. カラフルな店内。とにかく色も形もバリエーションが豊富。商品は圧倒的にレディースが多い。2. カシミアならではの「軽い、暖かい、肌ざわりがいい」の三拍子がそろったショール228€。3. 商品の6割が定番もので、残りはシーズンごとに発表される新作。夏と冬のソルド（セール）の時期には、さらに値段が安くなる商品もたくさん。4.20年前から変わらぬベストセラー、V字ネックの長袖セーター189€。

1

2

MUSC RAVAGEUR
EDITIONS DE PARFUMS
3

MUSC RAVAGEUR
Maurice Roucel
12 % PV - ALC 96°
4

香水

Editions de Parfums - Frédéric Malle

エディション・ドゥ・パルファン　フレデリック・マル［地図p158 C］

住　37, rue de Grenelle, 75007 Paris
電　01 42 22 76 40
営　11:00-19:00
休　日曜
M　Rue du Bac
http://www.editionsdeparfums.com/
別店舗2つ　住　21, rue du Mont-Thabor, 75001 Paris
住　140, avenue Victor Hugo, 75116 Paris

自分にピッタリの香りを、プットマン・デザインの空間で。

「雨の下のアンジェリカ」、「世にも不思議なベチベル」、「カッシーの花」……。なにやら小説か詩集のタイトルのようですが、実は香水の商品名なのです。

『エディション・ドゥ・パルファン』は、直訳すれば「香水出版社」。その"編集長"フレデリック・マルは、祖父がパルファン・クリスチャン・ディオールの創設者で、母も長年そこでアーティスティック・ディレクターを務めたという、いわば香水界のサラブレッド。ちなみに、映画監督のルイ・マルは彼の叔父です。

そんなフレデリック・マルに"作品"を提供するのは、オリヴィア・ジャコベッティ、モーリス・ルーセル、ピエール・ブルドンなど、名だたる9人の調香師。彼らは、調香から商品開発のペースまで、すべてを委ねられています。この「作者至上主義」が、出版社を名乗る理由なんですね。

現在、15種類を数える香水は、すべてユニセックスなのも特徴。店内にはもちろんテスターがありますが、お店のアドバイザーに相談するのもおすすめです。「今いちばん、やりたいことは?」「用途は、"誘惑"ですか?　それとも"気分転換"?」「服のブランドでお好きなのは?」といった質問に答えていくと、その人の性格や、そのときの気分にもっとも合った香水を提案してくれます。

人気のパルファンは、「ミュスク・ラヴァジュール」。バニラやオレンジの包み込むような甘さと、ベルガモットやムスクの誘惑的な芳香が同居します。また、爽やかなビターオレンジの香りに、バラのニュアンスをプラスした「コローニュ・ビガラード」も好評です。ちなみに、価格はそれぞれ香水によって違いますが、50ml入りは55～105€、100ml入りは80～160€が目安。また香水の他に、石鹸や乳液なども販売しています。

1. アンドレ・プットマンが設計を手がけたショップには、9人の調香師たちのポートレートが。有名メゾンのフレグランスも手がける超一流ぞろい。2. 香水は現在15種類。アドバイザーの女性が親切に相談に乗ってくれます。3. 全商品共通の赤いパッケージは、ガリマール社の小説のよう。"表紙"には調香師と香水の名が。4. 人気の「ミュスク・ラヴァジュール（身を滅ぼすムスク）」は誘惑の香り。50ml入りが80€、100ml入りが120€。

1

3

4

5

2

インテリア＆雑貨

Sentou

サントゥ［地図p158 C］

住 26, boulevard Raspail, 75007 Paris
電 01 45 49 00 05
営 11:00-19:00（月曜は 14:00-19:00）
休 日曜
M Sèvres Babylone
http://www.sentou.fr/

4区のマレ地区にも3店舗あり、29, rue François Miron
18/24, rue du Pont Louis-Philippe,75004Paris

かわいい雑貨がいっぱい。ツェツェのデザインした新作も。

セーヌ左岸のリュー・デュ・バック駅近辺や右岸のマレ地区には、デザイン家具や雑貨のショップが軒を連ねます。その代表格で、どちらの地区にも店舗を構える『サントゥ』ですが、今回は左岸のラスパーユ大通り沿いのお店をご紹介します。デパートの『ル・ボン・マルシェ』から歩いてすぐのところです。

店内は、家具、雑貨、書籍の３フロアに分かれています。まず、家具のコーナーでは、「この色、この形……映画だったか、雑誌だったか、どこかで見たことあるような……」と思わず記憶をたどってしまうような70年代のレプリカ家具や、スウェーデンのモダンデザインを代表するグループ「ディヴィッド・デザイン」が手がけた、スタイリッシュなテーブル＆チェアなどが競演しています。

つづいてデザイン雑貨のコーナーは、カトラリーやグラス、花瓶などが中心。単に機能美だけを追求したものよりも、遊び心が見てとれる商品をたくさん取りそろえているのが、サントゥらしいですね。

スタッフに売れ筋について尋ねてみると、「黒ガラスや蛍光色の雑貨の人気が高まっています」とのこと。たしかに“サントゥ常連”のクリエイターユニット「ツェツェ・アソシエ」の最新シリーズも、黒ガラスの花瓶やグラス。ジャン＝ミシェル・ヴィルモットのデザインによる、折りたたみ式のライヨール・ナイフ（ライヨールはフランス随一のナイフの名産地）は、柄がファンシーな蛍光色でした。

地下は、アートや建築、デザイン関係が中心の書籍コーナーです。ヴィジュアル重視のセレクションなので、言葉がわからなくても眺めているだけでじゅうぶんにおもしろい本ばかり。まれに日本の出版物も入荷している不思議な本屋さんで、旅先でバッタリ友人に会ったような気になって、ついつい手に取ってしまいます。

1. 花瓶やグラスの種類は、驚くほど。2. 人気の女性クリエイターデュオ、ツェツェ・アソシエの新作はかならず入荷。3. 上から見ると楕円の「スガハラ」のグラス。日本発のデザイン雑貨も好評。4. フランスの「プティット・プロデュクション」によるキーホルダー。大が12€、小が10€。「バッグの中に入れても、なんの鍵かすぐわかるように」という発想。5. 売れ筋の、J・M・ヴィルモットがデザインした蛍光色のライヨール・ナイフ各65€。

1

3

4

2

パン屋

Béchu

ベシュ［地図p159 G］

住 118, avenue Victor Hugo, 75116 Paris
電 01 47 27 97 79
営 7:00-20:00
休 月曜
M Victor Hugo

伝統的バゲットはパリで1位！　サロン・ド・テも、くつろげる。

天気のいい朝、暖かい陽の差し込む窓際のテーブルで、たっぷり入れたカフェ・オ・レを飲みながら、焼きたてサクサクのクロワッサンやパン・オ・ショコラをほおばる……。これが昔から変わらぬ、フランスの朝食の至福の光景です。

このクロワッサンやパン・オ・ショコラなどの“ヴィエノワズリー”（元は“ウィーン風菓子”の意味）が朝のパンの主役なら、昼と夜の顔はいわゆるフランスパン、すなわち“バゲット”。家庭でもレストランでも、食卓には編みかごに入ったバゲットが出てきますし、おまけにレストランでは、いくらでもお替わりが自由。

そんなパン好きのフランス人の家庭では、かならず近所に贔屓《ひいき》にしている“お抱え”パン屋があります。なにしろ頻繁に食べる“主食”なので、少しくらい遠くても行きつけのお店まで足を運ぶ、とこだわる人も多いんです。

ただしパン屋さんにも得手不得手があって、なかには「クロワッサンは最高だけど、バゲットはいまひとつ」、あるいはその逆、というお店も。ですからバゲットとクロワッサンを食べてみて両方ともおいしければ、そこは大当たり！

16区のヴィクトル・ユゴー大通りにある『ベシュ』は、そんな“大当たり”の代表格。朝夕には、ことさら味にうるさいこの地区のマダムたちで行列ができます。

特に、“バゲット・ドゥ・トラディション（伝統的バゲット）”（1.40€）は、2004年にパリのコンクールで1位に輝いたというお墨つき。この“伝統的バゲット”は、ふつうのバゲットよりも皮に歯ごたえがあり、それでいて中はずっとモチモチ。一度食べたらやみつきになる食感で、噛めば噛むほど味が出てくるんです。

また、タルトやエクレアなどのパティスリーも種類が豊富で、店内のサロン・ド・テのコーナーでは、コーヒーや紅茶と共に好きなお菓子を楽しむことができます。

1. サロン・ド・テのコーナーではパティスリーのほかに、サラダやサンドイッチなどの軽いランチも提供しています。暖かい季節ならテラスも気持ちいい。2. カフェ・オ・レのお供にはコレ！　クロワッサン1€とパン・オ・ショコラ1.10€。3. 朝夕には常連客でごった返す店内。商品にはすべてゲランド特産の天然塩を使用するなど、素材へのこだわりも人気の一因。4. ケーキ類は各4€前後。「フイヤンティーヌ」など、チョコレートを使ったケーキが人気。

1

3

2

5

4

サロン・ド・テ

A Priori Thé

ア・プリオリ・テ［地図p158 B］

住 35-37, Galerie Vivienne, 75002 Paris
電 01 42 97 48 75
営 月〜金 9:00-18:00
土 9:00-18:30
日 12:30-18:30
（ブランチは土日の 12:00-16:00。なお土曜のブランチは日曜よりも軽め）
休 なし
M Bourse

ハーブティーで、ひとときの安らぎを。自家製ケーキも。

映画『地下鉄のザジ』をご覧になったことがあるでしょうか？　おてんば娘のザジが案内してくれる、めくるめく万華鏡のようなパリの風景が忘れられない名作です。

そのワンシーンに、いくつかのパッサージュ（ショッピングアーケード）を走り抜けて、ザジが叔父さんと追っかけっこを展開するくだりがあります。そのドタバタ劇の舞台のひとつが、2区のギャルリー・ヴィヴィエンヌ。

ここはオペラ座やルーヴル美術館といったスポットからも近く、ブティックの集中するヴィクトワール広場とは隣り合わせという繁華街です。なのに、歴史を感じさせるモザイク床のギャルリーに足を踏み入れると、そこはまるで別世界。ずいぶん昔に時間が止まってしまったかのようなたたずまいに、心が震えるようです。

現在、ギャルリー内には服やアクセサリーのブティック、ワインセラー、古本屋などが軒を連ねているのですが、そのなかに“巴里のアメリカ人”ペギーが1980年に開いたサロン・ド・テ、『ア・プリオリ・テ』もあります。

さすがに紅茶やハーブティーのメニューが充実していて、ティーバッグが供されることも多い「カフェ」とは比べものになりません。特に、フルーツを使ったブレンドのハーブティーはおすすめ。白くて大きいティーポットにたっぷりと入れて持ってきてくれます。

そしてティータイムの“お茶うけ”に欠かせないのが、チーズケーキやブラウニー、スコーン、クランブルなどの自家製お菓子類。「食材の質は全体的にアメリカよりフランスのほうがいいから、うちのブラウニーやチーズケーキは、“本場”で食べるよりもずっとおいしいのが自慢よ!」とニッコリ微笑むペギー。

キッシュやサラダ、パスタなどのランチもとれますし、土日限定のブランチは、「フランスじゃ“ブランチ”なんて誰も知らなかった」時代からの名物なんです。

1.「ハイビスカスと桃のハーブティー」5€、「アメリカン・チーズケーキ」7€、「ラズベリーとアーモンドのタルト」6.50€。2. お菓子やお茶、そして花の香りが漂う店内は、いつもアットホームな雰囲気。3. 劇場や新聞社も多い文化地区のため、ギャルリーの客層も洗練されている観が。4. テラスの席は、ギャルリーの天窓から差す光が気持ちいい。5. ケーキ類はすべて6〜7€。ハーフサイズ（3.5€）でも注文できます。

1

4

2

5

3

ショコラティエ

Patrick Roger

パトリック・ロジェ［地図p158 C］

住 108, boulevard Saint-Germain, 75006 Paris
電 01 43 29 38 42
営 10:30-19:30
休 日曜、月曜
Ⓜ Odéon / Cluny La Sorbonne
http://www.patrickroger.com/

人気ショコラティエの独創的ガナッシュをおみやげに。

パリは、スウィーツ好きにはまさに夢のような街。日本でも名の通った人気店のミルフィーユやモンブラン、マカロンなどから、レストランでデザートに食べるクレーム・ブリュレやタルト・タタンにいたるまで、ここも行きたい、あれも食べたい、と列挙していくと、とても1週間やそこらでは食べきれない。

数あるスウィーツのなかでも、今やパリみやげの定番ともなりつつあるのが、“ショコラ”（チョコレート）。今回ご紹介するのは、ここ数年きわだって注目を集めている新鋭ショコラティエ、パトリック・ロジェです。お店があるのは、セーヌ左岸、学生街としても知られるカルチェ・ラタン。

パトリック・ロジェは、2000年に30歳というショコラティエとしては異例の若さでMOF（Les Meilleurs Ouvriers de France＝フランス最優秀職人」）の称号を獲得しました。これは、厳しい審査を何度も経て、ごく小数のシェフや職人にだけ与えられる最高の栄誉。

ロジェの名を高めたのは、ライム味のガナッシュです。「一粒に味を無理やり詰め込みすぎないで、何個でも食べられて、しかもそのたびに驚かされるような味」を理想とする繊細な味覚は、ピエール・エルメなど、お菓子界の大御所も絶賛。特にフルーツの甘味や酸味と、香り高いカカオのハーモニーは見事です。

ロジェのもうひとつの“特技”は、芸術の域にまで達したフィギュリーヌ。イースター、クリスマスなどの祝祭行事に合わせて作るタマゴ、ウサギ、サンタなどをかたどったチョコレートやアーモンドペーストの人形は、「彫刻家」の異名をとるほど。その腕前を買われて、故セルジュ・ゲンズブールやジャン＝ポール・ゴルチエなどから、ステージ用にお菓子の彫刻を依頼されたそうです。

1. サン・ジェルマン大通りに面したショップ。2004年冬にオープン。2. おみやげにもしやすい板チョコ各5€。3. “彫刻家”と呼ばれるパトリック・ロジェ。アーモンドペーストのフィギュリーヌがかわいらしい。4. ガナッシュの詰め合わせ58€。ガナッシュは全種80€／kg。ライム味やパッションフルーツ味が人気で、バジリコ&レモン味はここが元祖。5. キャラメル味のチョコの3色詰め合わせ43€。ライム、洋梨&はちみつ、塩の3つのフレーバー。

1

3

4

2

レストラン　フレンチ

L'Astrance

ラストランス［地図p159 G］

住 4, rue Beethoven, 75016, Paris
電 01 40 50 84 40
営 12:15-13:30、20:15-21:15
（入店の時間です。要予約）
休 土曜、日曜、月曜
M Passy

「パリで最も予約の取れない店」に、若き天才シェフあり。

16区パッシー駅近くの『ラストランス』は、客席数が25の小さな高級フレンチ。シェフのパスカル・バルボは、32歳にしてミシュランで二つ星を獲得した、フランス料理界きっての“怪童”です。

「調理法がシンプルで、食材の味を尊重する日本料理はすごく参考になるよ」と語るパスカル。彼自身も食材の質を最優先にしますが、そこは超一流の料理人、レシピは“シンプル”なはずがありません。意外な食材を使ったり、その組み合わせが奇想天外だったり……世界中の調味料を駆使して巧みに味のハーモニーをつくりだすテクニックに、その凄腕がうかがえます。

ところで、ラストランスにはなんとメニューがありません。というのは半分冗談で、アラカルトのメニューもあることはある（昼のみ）のですが、基本的に、誰もが「ムニュ・シュルプリーズ（びっくりメニュー）」と呼ばれる、“完全おまかせ”のコースを取るんです（150€、昼は70€のセットも）。

これは、あらかじめ嫌いな食べ物だけ伝えておくと、それ以外の食材で、仕入れなどに応じてメニューを自由に決めておいてくれるというシステム。しかも驚くべきことに、テーブルごとに出てくる料理が違うんです！「だって、みんな一緒のメニューだったら、先に食べ始めた人たちのテーブルを見て『あ、次はあれが来る』とわかっちゃうでしょ？それじゃあ“ビックリ”にならないから」との理由。

唯一、残念な点はといえば……「パリで一番」と言われるほど予約が取りにくいこと！ランチなら2週間、ディナーなら2ヶ月はみておいたほうがいいそう。

若いスタッフばかりの気取らないもてなしのお店。小粋なファッションが映えるスペースです。

1.「焼き帆立貝　ヨーグルトとカレーと海藻のコンソメ」45€はしそがアクセント。味噌、ゆず、かぼす、海苔、抹茶なども使用するそう。2. 料理界の期待を背負う、パスカル・バルボ。3～4.「マッシュルームのガレットとフォワグラのブドウ酢漬け」。薄切りマッシュルームとフォワグラのマリネを、サンドイッチ状に積み重ねた一品。添えたレモンペーストの酸味と、隠し味のヘーゼルナッツオイルの香ばしさが絶妙45€。「びっくりメニュー」は、全部で約10品の創作フレンチ。

1

J'accuse, Emile Zola, L'Aurore, 13 ja

2

3

4

LE kiosque
SUD-OUEST
Portrait d'un gascon à table
Menus-Carte
LES ENTRÉES
LES PLATS

5

レストラン　フレンチ

Le Kiosque

ル・キオスク［地図p159 G］

住 1, place de Mexico, 75116 Paris
電 01 47 27 96 98
営 12:00-15:30、19:30-23:00
休 なし
M Trocadéro

エスプリに富んだインテリアと献立。さすが、パリ！

朝、街角の販売スタンド「キオスク」で新聞を買って、それを地下鉄で読みながら会社へ向かう……。それがパリジャン＆パリジェンヌの通勤の風景です。

エッフェル塔の正面、シャイヨー宮のあるトロカデロ広場の近くに、その名も『ル・キオスク』という、新聞に縁のあるレストランがあります。この店のオーナー、フィリップ・ルモワヌは『パリマッチ』や『VSD』などの有名誌や新聞で記者や編集長を務めた、第一線のジャーナリストだったのです。

そんな『ル・キオスク』のメニューは、まるでタブロイド版の新聞そのまま。“第一面のトップ”に掲載されているのは、お店の名物、フランス各地の郷土料理です。

郷土料理は週替わりで、どこかの地方を選んでは、その名物料理や特産チーズやワインを提供。おまけにテーブルにはその地方の新聞が“配達”されるため、料理ができあがるのを待ちながら、かの地のニュースを読むという粋な趣向。

たとえば、南西部の地方紙『シュッド・ウエスト』がテーブルに並んだ週のメニューは、「アルカッション湾のムール貝とバイヨンヌ産の生ハムの白ワイン煮込み」や、「うさぎのロースト　レバーとエシャロットのソース」などの南西部料理。ワインは、ガスコーニュの赤。ルモワヌ自身と、アラン・デュカスの下で経験を積んだシェフがアイデアを練った、やや創作風のレシピの評判は上々です。

「フランスの郷土料理は本当にバラエティが豊か。パリ以外の街を訪れる機会のない観光客のみなさんも、ぜひウチでその豊かさを味わってもらいたい！」というルモワヌ。彼の料理への情熱と、ジャーナリストとしてのバイタリティが結晶した『ル・キオスク』には、昼も夜も客の振わいが絶えません。

1～2.「悲惨な事件がつづく現代の世界は“灰色”。だから、人々が少しでも楽しく過ごせるように、店をカラフルにしたかったんだ」。著名な報道写真の数々が壁を飾る。3. オーナーのフィリップ・ルモワヌ。25年間のジャーナリスト生活から、料理好きが高じて現職に。4. 毎週月曜に替わる、“タブロイド版”メニュー。5. 固定メニューのなかで人気の前菜「2種のトマトのタルタルとモッツァレッラ」。にんにく、バジリコ、オリーブオイル、バルサミコ酢のドレッシングで仕上げ。前菜とメインがセットで24.50€。

1

3

2

4

5

レストラン　フレンチ

Le Café d'Angel

ル・カフェ・ダンジェル［地図p157 A］

㊟ 16, rue Brey, 75017 Paris
㊫ 01 47 54 03 33
㊪ 12:00-14:00、19:00-22:00
（入店時間です。予約が望ましい）
㊡ 土曜、日曜、祝日
Ⓜ Charles De Gaulle-Etoile / Ternes

市場で仕入れるフレッシュな食材を、気取らない雰囲気で。

コンコルド広場と凱旋門をつなぐ、シャンゼリゼ大通り。観光とショッピングを一度に楽しめる、パリでいちばん賑やかな地区ですが、レストラン選びにはコツが必要。値段とサービスの釣り合ったお店を見つけるのが、なかなか難しいんです。当てずっぽうで入ってみると、高いのに味もサービスも最悪なんてことも……。

そこでぜひおすすめしたいのが、凱旋門のすぐ近くの『カフェ・ダンジェル』。名前は“カフェ”ですが、正真正銘のレストランです。現代風にアレンジしたフレンチがリーズナブルな値段で食べられるとあって、近辺で働くビジネスマンにも大人気。スタッフのフレンドリーな人当たりも好まれて、リピーターで大賑わいです。

そんなカフェ・ダンジェルの目玉は、いわゆる「キュイジーヌ・デュ・マルシェ（市場の料理）」。毎日のようにフレッシュな食材を市場から仕入れて、それにしたがって2日ごとに「日替わりランチメニュー」を決めているんです。

日替わりランチは、「前菜+メイン」もしくは「メイン+デザート」のセットで19€、前菜からデザートまでのフルコースでも22€とお手頃価格。これでおなかいっぱいフレンチが楽しめます！　もちろんアラカルトの固定メニューもたくさんあって、その場合は前菜が12€、メインが20€、デザートが6€。

おすすめの品は、前菜では「小いかと鴨の砂肝のポワレ」。新鮮なラディッシュとハーブや、オリーブオイルとバルサミコ酢のドレッシングが爽やかな一品です。メインの「子牛の腎臓ときのこのポワレ」も、やや重めな味の素材を、オリーブオイルとローズマリーでさっぱり仕立てています。また、「キャビヨー（鱈）のロースト」などの魚料理も好評で、それを目当てに通うお客さんも多い。

1.“日替わり”ランチメニューは「アルドワーズ」と呼ばれる黒板に書いてあります。読みづらかったら遠慮なくスタッフに質問を。2.「子牛の腎臓ときのこのポワレ」。写真は2〜3人分。3. シェフのジャン＝マルク・ゴルシーと、公私にわたるパートナーのミレーユ。4.「小いかと鴨の砂肝のポワレ」。5. デザート目当てのお客さんも多いそう。「リンゴとクルミ、ドライレーズンのクロッカン」はカリカリの焼き菓子の間に、リンゴのコンポートやアーモンドのアイスクリームを挟み込んだもの。

1

4

3

2

レストラン　フレンチ　魚介類

La Cagouille

ラ・カグーユ［地図p159 E］

地図p159 E

住 10, place Constantin Brancusi, 75014 Paris
（タクシーでは「23, rue de l'Ouest」
と運転手に告げたほうがわかりやすいそうです）
電 01 43 22 09 01
営 12:30-14:30、19:30-22:30
休 なし
M Gaîté
http://www.la-cagouille.fr/

とびきりイキのいい食材が自慢！　フレンチ・シーフードの名店。

フランスの子どもたちに人気の料理の代表といえば、ステーキにフライドポテトを添えた「ステック・フリット」。大人になっても、やはりフランス人は魚よりも肉をたくさん食べますし、外食のメニューでも、圧倒的に肉料理のほうが多いんです。

じゃあフランスの魚介料理はおいしくないのかというと、そんなことは全然ありません。ただ、内陸のパリでは、当たり外れが大きいのも事実。そこで、絶対に外れない、とびっきり評判のいい魚介類専門のレストランをご紹介します。

屋上から、きわめて美しいパリの夜景が見られるモンパルナス・タワーの裏手にある『ラ・カグーユ』は、故ミッテラン大統領が毎週通ったという名店です。

お店の主は、牡蠣の名産地として有名なシャラント地方をこよなく愛す、ジェラール・アルマンドゥ。彼が素材選びからレシピまでを徹底管理するシーフードは、食材そのものの味と鮮度で勝負する、まさに日本人好みの品々。

付き出しの「コック（小ぶりの二枚貝）のバター蒸し」や「パリで一番」と評判の生牡蠣に始まり、メニューに連なるひめじ、えい、鱈《たら》、帆立、鯛、鯖、平目などを使った品々は、どれも調理法がシンプル。イキのいい魚介類を、オリーブオイルやバターでサッと焼いたり、ムニエルにしたりして、“引き立て役”のレモンやハーブ、にんにく、バルサミコ酢などでアクセントを付け加える……？　どの料理からも率直で力強い、海の幸のうまみが伝わってくるんです。

注文はアラカルトでも可能ですが「前菜＋メイン（あるいはメイン＋デザート）」のセット（26€）や、「前菜＋メイン＋デザート＋ワイン＋コーヒー」のセット（42€）がベストチョイス。なかには仕入れにしたがって登場する日替わりの品もありますから、何がその日のおすすめか尋ねてみましょう。

1. 新鮮な食材を、シンプルに。「ルジェ（ひめじ）のポワレ」23€や、タパス風の「蛸のガリシア風」14€。「生牡蠣の盛り合わせ」18€はフランス産のクレール（細長）とアイルランド産のブロン（円形）。2〜3. ラ・カグーユのもうひとつの名物・コニャックは、シャラント地方の「陸の幸」。ヴィンテージものを含む150種類ものコレクションが食後に楽しめる。1杯5〜30€。4. 評判の牡蠣を抱える、ジェラール・アルマンドゥ。

1

3

4

5

2

レストラン　フレンチ　肉料理

Savy

サヴィ［地図p157 A］

㊟ 23, rue Bayard, 75008 Paris
㊫ 01 47 23 46 98
㊖ 7:30-23:00
昼食 12:00-14:30（大混雑のため、要予約）
夕食 19:30-23:00
（食事の時間外でも、サラダやサンドイッチ、
ハム・サラミ類は注文できます）
㊡ 土曜、日曜、祝日
Ⓜ Franklin D. Roosevelt

名産地直送の牛肉や生ハムはビックリするほど、おいしい！

この本でもご紹介している『ジル・サンダー』や『ジミー・チュウ』など、有名ブランドのブティックが集中するモンテーニュ大通り。その目と鼻の先に、「いかにもパリ！」という雰囲気のブラッスリー、『サヴィ』があります。

お店のインテリアは、1923年に改装されて以来の、レトロなアール・デコ調。テーブルがそれぞれボックス席に分かれていて、まるでオリエント急行の食堂車のようなシブい輝きを放っています。

席に着くと、これまた昔の映画そのままのフォーマルな格好をしたギャルソンたちが、メニューを運んできてくれます。サヴィが提供するのは、「一にお肉。二にお肉」の、"硬派"の伝統フレンチ。ディレクターのリオネル・デグランジュは「フレッシュで、シンプルで、おいしい」の三拍子をモットーとしているそう。

目玉は、最高級のオブラック牛を使った各種の"グリヤード"（焼きもの）。たとえば「牛フィレ肉のステーキ」（25.10€）は、厚めに切ったフィレ肉をお好みの加減で焼いてもらい、ブラックペッパー、ロックフォールチーズ、ベアルネーズの3種、いずれかのソースで味わいます。とにかく歯ごたえの柔かい上質のお肉をかみしめると、「これぞビーフ!」という肉汁が、ジュワーっと口内に……。

また、食欲に自信のある人なら、ステーキの前に、まずはカンタル地方名産の生ハムやサラミをつまむのもおすすめ。あるいはステーキのあとでおなかに余裕があったら、カンタル、ロックフォール、サンネクテール、カマンベールの4種チーズの盛り合わせ（8.50€）に舌鼓を打ってください。どれもこれも、サヴィ名物のモルゴンの赤ワインとの相性が抜群です。

1. 近辺のブティックや、お店の正面にあるラジオ局から客足の絶えないサヴィ。映画俳優のジャン＝ポール・ベルモンドのような、有名人の常連さんも。2. 名物ギャルソンのアレックス。壁には、冬のジビエ料理用に射止めたシカの剥製が。3. カンタル地方のハム・サラミ盛り合わせ12.10€。店主自らわざわざ現地まで仕入れにおもむくそう。4. オブラック牛のリブ・ステーキは2人分でなんと「最低でも1kg」！添え物として、脊髄と、この店オリジナルの細くて薄いポテトフライ（写真5）がつく56.10€。

1

3

4

2

レストラン　フレンチ

Le Cinq

ルˑサンク［地図p157 A］

住 31, avenue Geroge V, 75008 Paris
Four Seansons Hotel George V Paris 内
電 01 49 52 71 54
営 12:00-14:30、18:30-22:30（要予約）
休 なし
M George V
http://www.fourseasons.com/paris/

貴族の館さながらの豪華サロン。ソムリエも最高クラス。

最高級ホテル『フォーシーズンズホテル ジョルジュサンク パリ』のメインダイニング『ル・サンク』は、2003年にミシュランで三つ星を獲得してからも、着実に評価を上げつづけている名店です。

まるでヴェルサイユ宮殿のような大サロンは天井が高く、グレーとゴールドを基調にしたインテリアは、さすがの風格。また、ホテル内の他のスペース同様、ここでもアメリカ人のフラワーアーティスト、ジェフ・リータムが“花の彫刻”と称するデコレーションを展開しています。

ル・サンクの総料理長は、MOF（フランス最優秀職人）の称号も得ている名シェフ、フィリップ・ルジャンドゥル。伝統的なフレンチをベースにしながらも、アレンジは驚くほど独創的で、その現代性が評価されています。前菜の「帆立貝のカルパッチョのキャビア添え」（115€）や、メインの「ブルターニュ産オマール海老と、コレーズの栗のロースト」などが人気。

特に、初めての方におすすめしたいのは、ランチのセットメニュー（85€）や、「ムニュ・デクヴェルト（入門メニュー）」（120€）。前菜からデザートまで、ル・サンクのダイジェスト版ともいえる品々が堪能できます。

ワイン好きの方には、2004年の世界ソムリエコンクールのチャンピオン、エンリコ・ベルナルドが待っています。エンリコと同じコンクールで98年に銀メダルを獲得し、現在はル・サンクのディレクターであるエリック・ボマールは、銘柄の数でいうと800種類、ストックの合計では5万本にものぼるワインを選定し、お客さんの求めに応じて提供しているんです。とっておきの装いで訪れて、ドラマティックな雰囲気に浸りましょう。

1. モダンなフラワーアートが、18世紀調のインテリアに文字通り花を添えます。2.「ブルターニュ産オマール海老と、コレーズの栗のロースト」。あらかじめスモークしたオマール海老を、栗と一緒にロースト120€。3.「コロンビア産チョコレートのふっくらタルト」は濃厚なカカオの風味。現代的なデコレーション25€。4.「ノロのロースト　チョコレートソース　青リンゴのチャツネ添え」。ノロは小型の鹿。冬季限定のジビエ料理98€。

1

3

5

4

2

レストラン　ヴェトナム料理

Kim Anh

キム・アン［地図p159 F］

住 51, avenue Emile Zola, 75015 Paris
電 01 45 79 40 96
営 19:00-23:15（夜のみ）
休 月曜
M Charles Michels

生春巻や蟹のファルシは、洗練された深い味わい。

パリは移民が多いこともあって、世界中のエスニック料理を味わうことができます。モロッコやアルジェリア、セネガルなどのアフリカ諸国や、レバノンなどの中近東のレストランが多く、他にもトルコやマルチニックなど、枚挙にいとまがありません。もちろん、アジアの味覚もよりどりみどり。なかでもヴェトナム料理は、下駄履き感覚の大衆食堂からシックな高級店までが勢揃いしています。

15区の『キム・アン』は、高級ヴェトナミーズのなかでも最高峰。しかも、高級店には珍しい、味つけを欧米人好みにアレンジしていない“正統派”です。

その変わらぬ味の秘密は、レストランの名前にもなっているシェフのキム・アンの腕の冴え。1985年に開店して20年余が過ぎた現在も、毎晩、「私にしか再現できない味なものですから」と、下ごしらえからすべての作業を担当。その洗練された“おふくろの味”に恋をして、長年通いつめるリピーターが山ほどいると聞きます。

もうひとつの魅力は、ヴェトナム全土の味のバリエーションが堪能できるところ。というのも、シェフのキム・アンがヴェトナム南部の出身で、夫の店主が北部出身のため、それぞれの粋を集めたのが、ここのメニューだからなんです。

おすすめの品として、前菜ならやはり定番の生春巻や揚げ春巻は外せません。特に生春巻きは、ここよりおいしいのはめったに味わえないと断言できます！　ニョクマムや香菜、ミントの味に舌が慣れてきたら、次に爽やかなライム味のビーフサラダや、パイナップルを使ったエキゾティックなシーフードサラダを。そしてお待ちかねのメインでは、コショウを効かせた「蟹のファルシ」や、とろみでうまみを閉じ込めた「鴨と椎茸の小鍋」、絶品の「海老のヴェトナム風カレー」などが人気です。

1. 大好評のヴェトナム風カレーは、ココナッツミルクの包み込むような甘みと海老のプリプリ感がこたえられません32€。2. 店内にはヴェトナム古来の調度品が。フランス風なのは食器と、アジアン・レストランとは思えないほど充実したワインリストだけ。日本語メニューあり。3. 生春巻12€。「海外で最もおいしいヴェトナム料理」とも評される『キム・アン』のスターターに最適。4.「蟹と海老の揚げ春巻」13€。5. 人気の「蟹のファルシ」は蟹肉と蟹味噌を豚肉、きくらげ、ビーフンなどと混ぜて殻に詰めなおし、オーブンで焼いたもの30€。

2

1

5

4

3

7

6

ホテルのバー

Hôtel Raphael, Le Bar Anglais du Raphael

オテル・ラファエル、ル・バール・アングレ・デュ・ラファエル［地図p157 A］

住 17, avenue Kléber, 75116 Paris
Hôtel Raphael 内
電 01 53 64 32 00（ホテルの代表番号）
営 月 - 金　10:00-01:00
土日　10:00-22:30
休 なし
M Kléber
http://www.raphael-hotel.com/

極上のカクテルやシャンパンを楽しむ、優雅な社交場。

「バーにも行ってみたいけど、騒がしいお店はイヤ。それに言葉がわからないのは不安……」。そんなふうに迷っている人には、高級ホテルのバーがおすすめ。

なぜなら、大体がアクセスしやすい場所にあるし、中は静かで、もちろん英語もOK。なによりインテリアが美しく、エレガントな気分に浸れるからです。

イチ押しは、四つ星『オテル・ラファエル』のイングリッシュバー。1925年に開業したこのホテルは、シャンゼリゼと凱旋門の目と鼻の先にあります。その立地条件のよさとは裏腹の静けさが好まれて、アメリカの歴代大統領をはじめ、エヴァ・ガードナー、キャサリーン・ヘプバーン、ケーリー・グラント、マーロン・ブランドなど、往年の映画スターたちに愛されてきました。

入り口を抜けて、木製の調度がいかにも落ち着く廊下の中ほどで右に折れると、そこがシックなオックスフォード調のバー。今でも、シャンゼリゼでの映画のプレミア上映のあとなどに、お忍びでグラスを傾けに寄る芸能人が多いそう。ふと横のテーブルを見ると、恋人を連れたイザベル・アジャーニがいたり……。

バーには2つのスペースがあって、カウンターのある琥珀《こはく》色のメインサロンは、上品ながらもゴージャスなムード。それに対して「青い部屋」と呼ばれる緑青色の小サロンは、より慎みぶかい、“隠れ家”的な空間です。居並ぶ革椅子や深紅のヴェルヴェットのソファは、見た目も座り心地も優雅そのもの。

ここに夕食前に立ち寄って、シャンパンや約30種類あるカクテルを気軽に傾けるのもいいですし、ディナーのあとに、コニャックやカルヴァドスといった食後酒をじっくりと味わいに寄るのも、また素敵ではないでしょうか。

1. ホテルの正面玄関。部屋のインテリアは主に18世紀のヴェルサイユ調。宿泊はダブルで465～560€。エッフェル塔や凱旋門が望めるテラスつきのスイートもあります。2. これが格長高い英国式のバー。3.ロビーの奥に飾られている絵は、なんと本物のターナー！ 4.階段のステンドグラスも趣味がいい。5. ホテルのオリジナルカクテル「ラファエリート」。オレンジとパイナップルのミックスジュースに、ジンとインドネシア風のリキュール Pisang《ピサン》 Ambon《アンボン》を加える21€。6. 夏なら屋上テラスで食事も可能。7. 廊下にも気品が漂う。

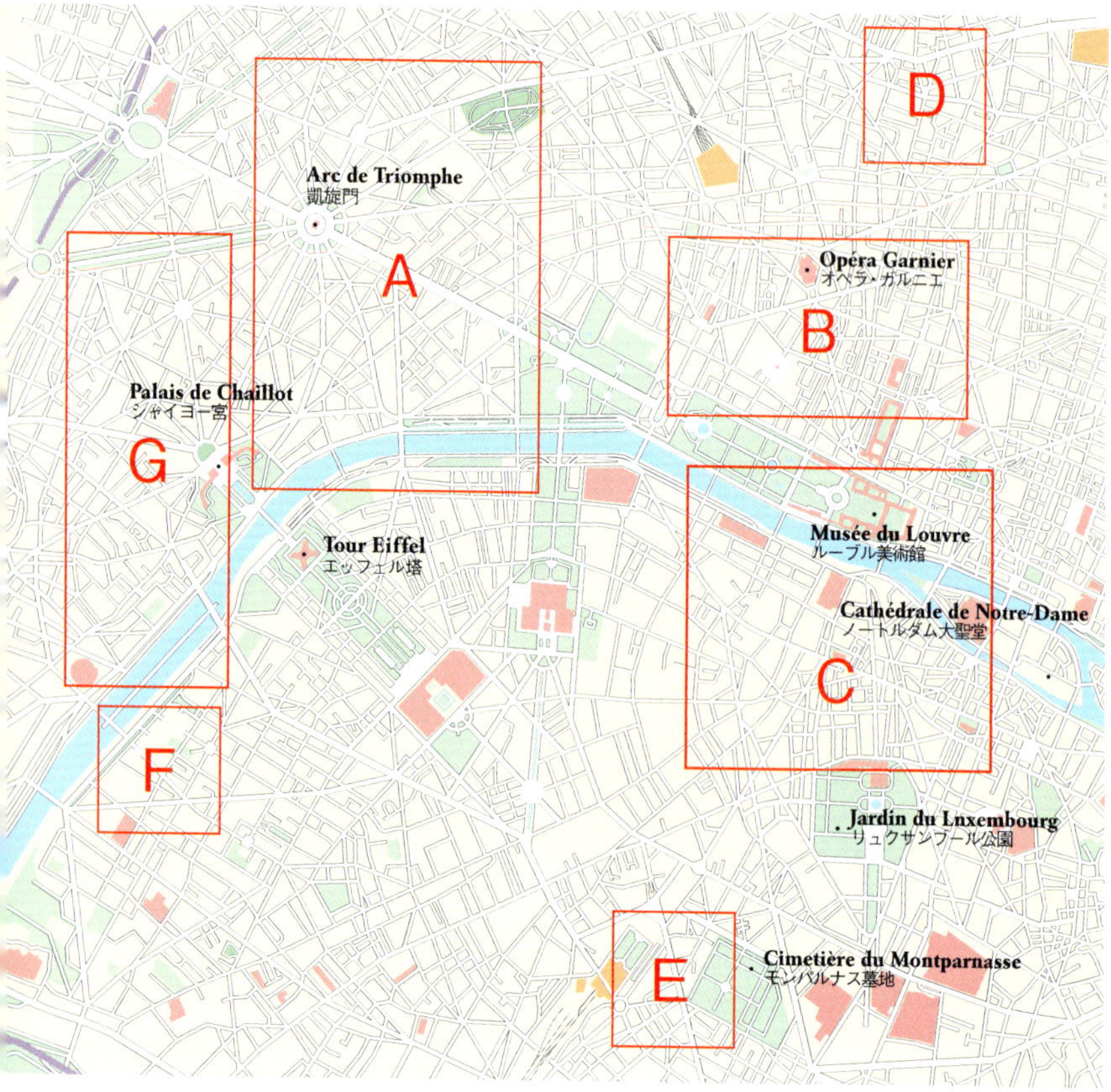

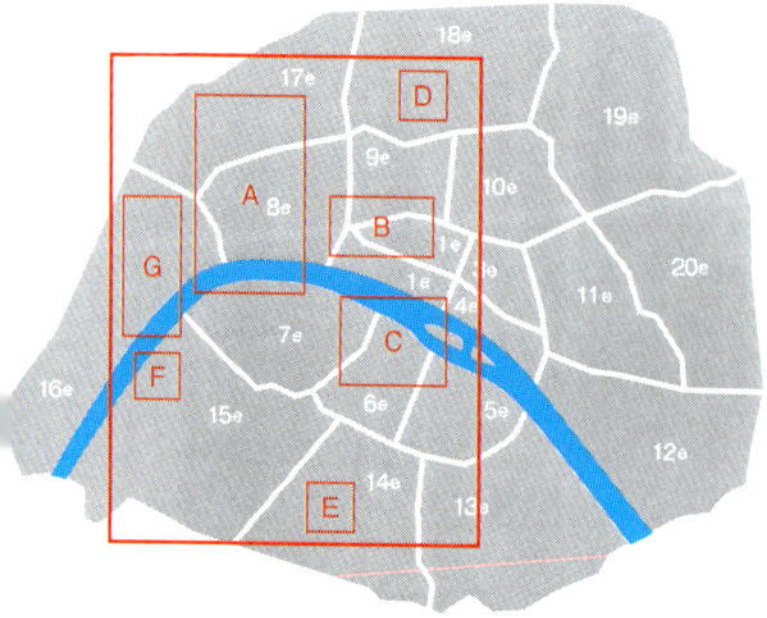

「エリコ・パリ・スタイル」

お店ガイドの地図

左のパリ市略図の赤いラインで囲んだ部分が、p156上の図。AからGの7エリアの地図がp157-159に掲載されます。
地図では、Rue（リュー=通り）をR. Avenue（アヴニュー=大通り）をAv. Boulevard（ブルヴァール=大通り）をBd. Place（プラス=広場）をPl.と略記しています。Ⓜ はMétro（メトロ=地下鉄）を表します。1～22の店番号はp110-111のリストの店番号、およびp113-155のガイドの掲載順と一致しています。

パリを東から西へ横断するようにセーヌ河が流れています。その流れに従って、セーヌ北側を「リヴ・ドロワット=右岸」、南側を「リヴ・ゴーシュ=左岸」といいます。

★ブティック　No.1～11
★飲食関連店　No.12～22

R. Pierre Demours
R. Bayen
R. Villebois Mareuil
Av. Niel
R. Laugier
Saussier Leroy
R. Poncelet
R. des Renaudes
Monceau
Bd. de Courcelles
Parc de Monceau
モンソー公園
Av. des Ternes
Pl. des Ternes
Ternes
17. Le Café d'Angel
ル・カフェ・ダンジェル
R. de l'Etoile
R. Brey
ブレ通り
Av. Mac Mahon
Av. Carnot
Av. de Wagram
R. du Faubourg St-Honoré
Av. Hoche
Bd. Haussmann
Av. de Friedland
Arc de Triomphe
凱旋門
Charles De Gaulle-Etoile
Av. Franklin D. Roosevelt
Av. Victor Hugo
ヴィクトル・ユゴー大通り
22. Hôtel Raphael
オテル・ラファエル
George V
Av. des Champs-Elysées
シャンゼリゼ大通り
Kléber
Av. des Portugais
クレベール大通り
Av. Kléber
R. la Pérouse
Av. d'Iéna
Av. Marceau
R. Quentin Bauchart
2. Jil Sander
ジル・サンダー
R. Pierre Charron
R. Marbeuf
R. de Marignan
Franklin D. Roosevelt
20. Le Cinq
ル・サンク
Av. George V
ジョルジュ・サンク大通り
R. François 1er
R. C. Marot
R. du Boccador
Av. Montaigne
モンテーニュ大通り
19. Savy
サヴィ
R. Bayard
バイヤール通り
Av. Pierre 1er de Serbie
Pl. François 1er
フランソワ・プルミエ広場
Av. du Prés. Wilson
Alma Marceau
Alma Marceau
Pont de l'Alma
4. Jimmy Choo
ジミー・チュウ
Av. de New York
Q. d'Orsay
R. Jean Nicot
R. de l'Université
R. Surcouf

A

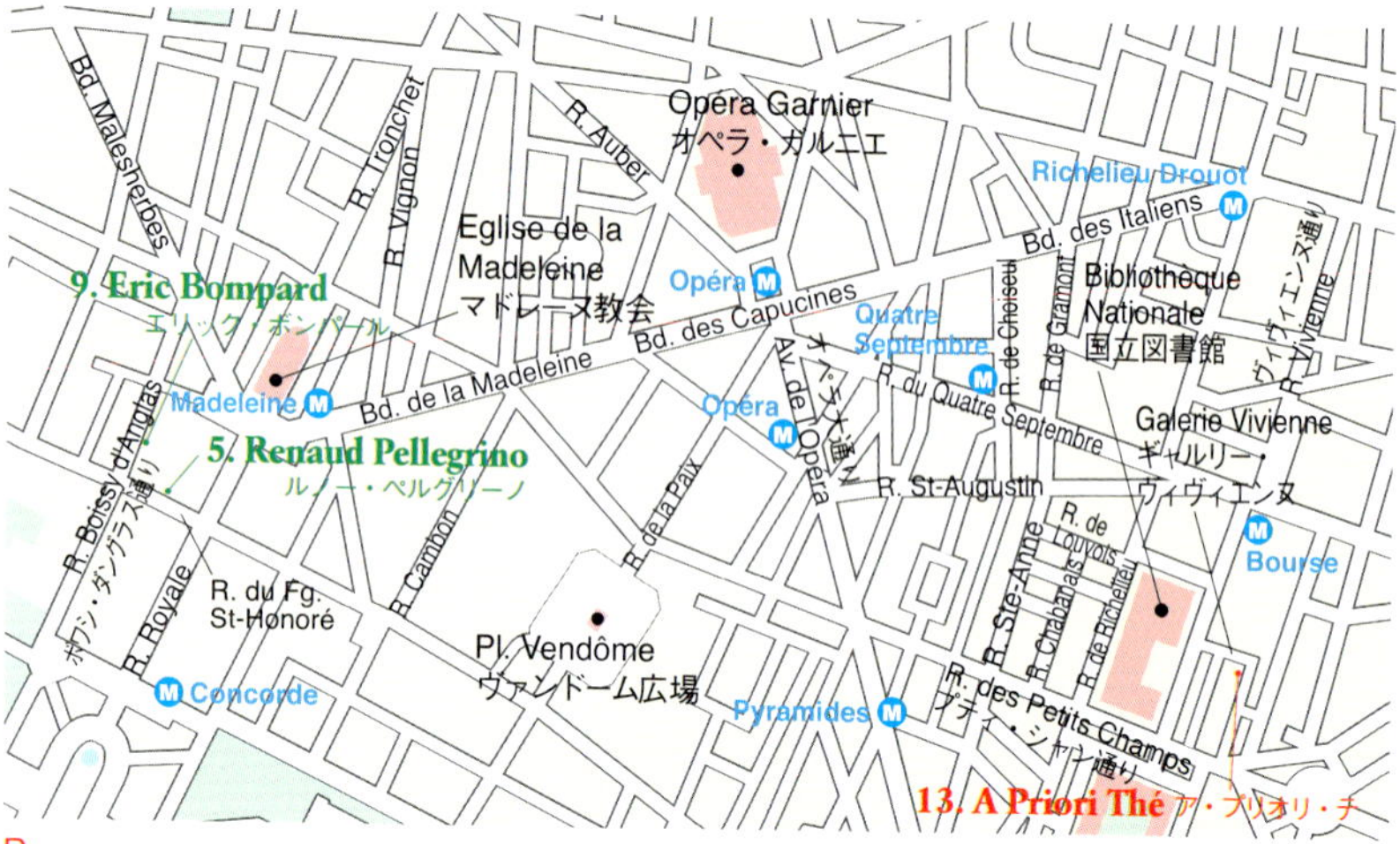
Opéra Garnier
オペラ・ガルニエ
Richelieu Drouot
Bd. des Italiens
Bd. Malesherbes
R. Tronchet
R. Vignon
R. Auber
Eglise de la Madeleine
マドレーヌ教会
Opéra
9. Eric Bompard
エリック・ボンパール
Madeleine
Bd. de la Madeleine
Bd. des Capucines
Quatre Septembre
R. de Choiseul
R. de Gramont
Bibliothèque Nationale
国立図書館
ヴィヴィエンヌ通り
R. Vivienne
R. du Quatre Septembre
Av. de l'Opéra
オペラ大通り
Galerie Vivienne
ギャルリー・ヴィヴィエンヌ
5. Renaud Pellegrino
ルノー・ペルグリーノ
R. Boissy d'Anglas
ボワシ・ダングラス通り
R. de la Paix
R. St-Augustin
R. de Louvois
Bourse
R. Cambon
R. Royale
R. du Fg. St-Honoré
Pl. Vendôme
ヴァンドーム広場
R. Ste-Anne
R. Chabanais
R. de Richelieu
Concorde
Pyramides
R. des Petits Champs
プティ・シャン通り
13. A Priori Thé ア・プリオリ・テ

B

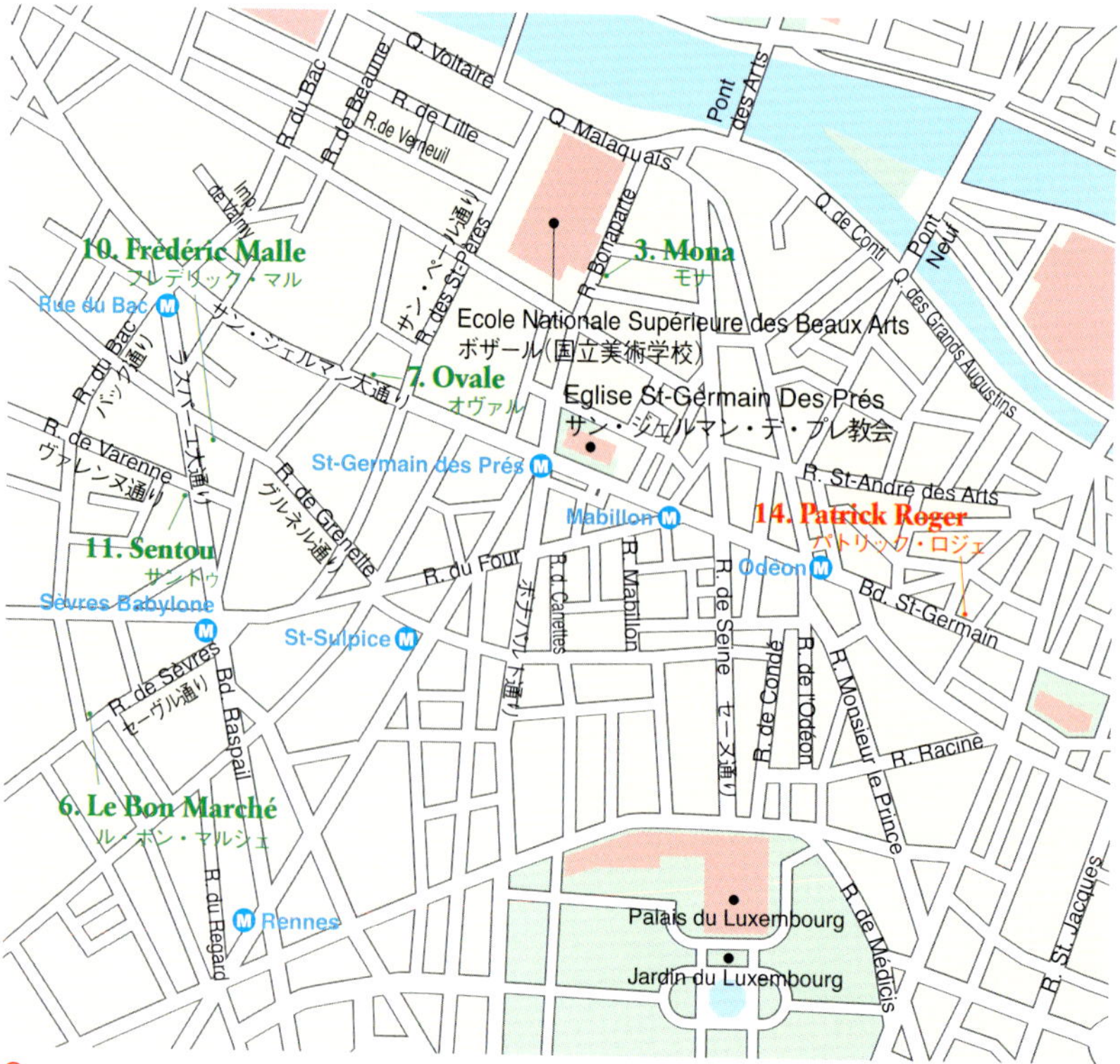
Q. Voltaire
R. du Bac
R. de Beaune
R. de Lille
R.de Verneuil
Q. Malaquais
Pont des Arts
Imp. de Vaimy
Q. de Conti
Pont Neuf
10. Frédéric Malle
フレデリック・マル
サン・ペール通り
R. des St-Pères
R. Bonaparte
3. Mona
モナ
Q. des Grands Augustins
Rue du Bac
Ecole Nationale Supérieure des Beaux Arts
ボザール(国立美術学校)
サン・ジェルマン大通り
R. du Bac
バック通り
7. Ovale
オヴァル
Eglise St-Germain Des Prés
サン・ジェルマン・デ・プレ教会
R. de Varenne
ヴァレンヌ通り
ラスパーユ大通り
R. de Grenelle
グルネル通り
St-Germain des Prés
R. St-André des Arts
11. Sentou
サントゥ
Mabillon
14. Patrick Roger
パトリック・ロジェ
R. du Four
R. d. Canettes
R. Mabillon
R. de Seine
Odéon
Bd. St-Germain
Sèvres Babylone
St-Sulpice
セーヌ通り
R. de Sèvres
セーヴル通り
Bd. Raspail
R. de Condé
R. de l'Odéon
R. Monsieur le Prince
R. Racine
6. Le Bon Marché
ル・ボン・マルシェ
R. St. Jacques
R. de Médicis
R. du Regard
Rennes
Palais du Luxembourg
Jardin du Luxembourg

C

Victor Hugo
12. Béchu
ベシュ
Av. Victor Hugo ヴィクトル・ユーゴー大通り
1. Komplex
コンプレックス
R. de Longchamp
ロンシャン通り
ラ・ポンプ通り
R. de la Pompe
Pl. de Mexico
メキシコ広場
16. Le Kiosque
ル・キオスク
Rue de la Pompe
Av. Georges Mandel
ジョルジュ・マンデル大通り
Trocadéro
Palais de Chaillot
シャイヨー宮
15. L'Astrance
ラストランス
ドゥレセール大通り
Bd. Delessert
R. Beethoven
ベートーヴェン通り
Passy
プレジダン・ケネディ大通り
Av. du Président Kennedy
Pont de Bir-Hakeim
G

クリシー大通り
Bd. de Clichy
Anvers
Bd. de Rochechouart
ロシュシュアール大通り
Pigalle
R. des Martyrs
マルティール通り
R. Victor Massé
ヴィクトル・マセ通り
R. Condorcet
コンドルセ通り
8. Woch Dom
ウォシュ・ドム
R. d'Aumale
St-Georges
D

Montparnasse Bienvenue
Edgar Quinet
Av. du Maine
メーヌ大通り
R. de la Gaîté
Gaîté
Cimetière du Montparnasse
モンパルナス墓地
ジャン・ゼ通り
R. Jean Zay
Pl. Constantin Brancusi
18. La Cagouille
ラ・カグーユ
R. de l'Ouest
ルエスト通り
E

リノワ通り
R. Linois
R. des 4 Frères Peignot
キャトル・フレール・ペニョ通り
21. Kim Anh
キム・アン
Charles Michels
Av. Emile Zola
エミール・ゾラ大通り
R. de Javel
ジャヴェル通り
F

中村江里子（なかむら・えりこ）
本名：Eriko BARTHES（エリコ・バルト）
1969年東京都生まれ。立教大学経済学部卒業後、
フジテレビ・アナウンサーをへて、フリー・アナウンサー
として活躍。2001年、フランス人と結婚、生活の拠点
をパリに移す。2004年4月に女児を出産。
著書に『エリコロワイヤル Paris Guide』（講談社）、
『エレガンスの条件』（共著、ソニー・マガジンズ）。
2004年8月よりOCNのサイト、JuicyStyleに『中村
江里子のパリスタイル』連載。
http://juicystyle.ocn.ne.jp/
公式ホームページ
http://www.eriko-nakamura.com/

エリコ・パリ・スタイル
2006年3月16日　第1刷発行

著者　中村江里子
発行者　石崎 孟
発行所　株式会社マガジンハウス
東京都中央区銀座3-13-10　〒104-8003
電話　書籍営業部　03（3545）7175
　　　書籍編集部　03（3545）7030

印刷所　大日本印刷
製本所　大日本印刷

装丁　川田 涼（SOUP DESIGN）
デザイン　川田 涼、名塚雅絵、渡辺 潤（SOUP DESIGN）

構成（エッセイp22〜107）　三浦天紗子
構成（パリ・店ガイドp113〜155）　荒木文夫

ISBN4-8387-1661-3　C0095
乱丁本・落丁本は小社書籍営業部宛にお送りください。送料小社負担でお取り替えいたします。
定価はカバーと帯に表示してあります。

マガジンハウス・ホームページ　http://www.magazine.co.jp/